NOTICE

HISTORIOGRAPHIQUE

SUR LA

FÊTE CÉLÉBRÉE A QUÉBEC

LE 16 JUIN 1859,

JOUR DU

DEUX CENTIÈME ANNIVERSAIRE

DE L'ARRIVÉE DE MONSEIGNEUR

DE MONTMORENCY-LAVAL

EN CANADA.

Publiée avec l'autorisation de

M. L'ABBE' L. J. CASAULT,

Docteur en Théologie et Recteur de l'Université Laval,

PAR

J. C. TACHÉ,

Ancien Elève du Séminaire de Québec et Chevalier de la Légion d'Honneur.

" La Providence semble tout conduire ici
d'une manière merveilleuse. "

Révérende Mère Marie de l'Incarnation.

QUÉBEC :

IMPRIMERIE DE J. T. BROUSSEAU,

7, RUE BUADE, HAUTE-VILLE.

1859.

INTRODUCTION.

I.

De tous temps, sur tous les théâtres et sous tous les climats, les peuples ont senti le besoin de consacrer, de fois à autre, des jours de fêtes publiques à la commémoration des événements remarquables de leur histoire ; mais c'est surtout aux anniversaires séculaires des grands événements—nous parlons ici comparativement—que ces célébrations prennent une signification particulière.

Dans ces jours, l'activité nationale semble se donner un moment de relâche, pour que tous puissent se livrer au culte des souvenirs ; l'esprit public semble prendre un temps d'arrêt, pour jeter un regard en arrière et un regard en avant ; afin de se rendre compte de la tâche accomplie et d'explorer la route qu'il importe de suivre pour continuer la marche.

Le 16 Juin 1859 était pour le Canada, en général, et pour les canadiens-français, en particulier, un de ces grands anniversaires ; c'était le jour où, à pareille date, deux cents ans auparavant, le premier évêque de ce pays vint mettre le pied sur le sol de la Patrie et apporter le couronnement à l'édifice, si solide aujourd'hui, de l'Eglise Catholique du Canada.

Notre histoire n'est pas bien longue ; mais de quel profond intérêt n'est-elle pas digne, même pour les étrangers?—Le théâtre sur lequel nos pères ont paru n'est pas un grand théâtre ; mais que nobles et beaux ont été leurs rôles !

Si le temps et l'espace qu'il nous est permis de dédier à cette notice nous le permettaient, que de noms dignes d'admiration n'aurions-nous pas à rappeler au souvenir des habitants de notre cher pays ?—Les noms de ces généreux missionnaires, martyrs dont le sang a arrosé ce champ du père de famille, et dont les mérites ont fait, sans doute, qu'aujourd'hui, comme il y a deux siècles, on peut redire avec la Thérèse du Canada, cette femme forte, la Révérende Mère Marie de l'Incarnation : —" La Providence semble tout conduire ici d'une manière " merveilleuse. "

Nous pourrions répéter les noms de ces hardis découvreurs, dont les traditions, conservées jusqu'à ce jour, ont fait dire au Père de Smet :—" Et dans quel endroit du désert les canadiens n'ont-ils pas pénétré ? "

Nous pourrions dire les noms de ces héros de nos luttes, dont les exploits, racontés aux élèves de l'école militaire de Saint-Cyr, faisaient dire à M. le professeur Dussieux :— " L'ardente et sympathique jeunesse qui m'écoutait tressaillit " au récit des grandes actions qui avaient honoré le nom " français en Amérique ! "

Ne pouvant dérouler, aux yeux de ceux qui liront cette notice, les annales de notre histoire, rendons au mois un faible hommage aux vertus de nos pères, en empruntant quelques-unes des paroles qu'un loyal ennemi, le Général Murray, adressait au Gouvernement d'Angleterre, peu de temps après la cession du Canada, à l'empire britannique : " Je me glori-" fie de l'accusation portée contre moi, d'avoir protégé chau-" dement et avec fermeté les sujets canadiens du Roi, et " d'avoir fait tout en mon pouvoir pour gagner à mon souve-" rain l'affection de ce peuple brave et intelligent, dont l'émi-" gration, si elle arrivait jamais, causerait une perte irrépa-" rable à cet empire ! "

II.

Il y avait un peu plus d'un siècle que Jacques Cartier avait découvert les rives du Saint-Laurent, lorsque Monseigneur de Laval vint prendre, le 16 juin 1659, la direction des affaires ecclésiastiques de la Nouvelle France :—Un siècle après l'arrivée du premier prélat canadien, la Nouvelle France tombait au pouvoir des anglais, par le fait de la prise de Québec :—Et maintenant il y a un siècle que ce dernier événement s'est accompli.

Voilà quatre grandes époques de notre histoire —(en comptant le temps présent comme une époque) — qui se retrouvent à des intervalles séculaires, et cette coïncidence n'était pas peu propre à rehausser l'éclat et la portée de la célébration de la fête anniversaire du 16 juin dernier. En effet, quels sujets de consolation et quel sujet d'espoir en la Providence ne trouvons-nous pas à jeter un regard sur le passé de notre histoire, en s'attachant particulièrement à bien comprendre la portée des événements généraux et locaux qui précédèrent, accompagnèrent et suivirent immédiatement les trois premières époques, et à bien étudier les circonstances dans lesquelles se trouve notre nationalité, à l'époque actuelle.

C'est de la catholique et monarchique Bretagne que partent (1534), sous l'invocation de Dieu, les braves marins qui doivent découvrir le fleuve Saint Laurent et *toute cette terre*—(récit de Jacques Cartier)—*des deux côtés du dit fleuve jusques à Hochelaga, et outre, qui est aussi belle et unie que jamais homme regarda.* Ceux qui vinrent arborer le drapeau de la France, au milieu de peuplades sauvages étrangères à toute idée de civilisation, plantèrent en même temps sur le sol de notre pays la croix du Sauveur,—et les barbares habitants de ces beaux rivages, qui voyaient avec plus d'étonnement que d'intérêt les *grands canots de bois* des français, contemplèrent avec plus de soin que de curiosité le signe auguste et étrange pour eux de notre rédemption et de la leur.

Mais bientôt la France allait être la proie des guerres de religion, l'hérésie allait menacer de s'emparer d'une partie de l'héritage de Clovis: il y avait danger pour la foi dans l'établissement de colonies françaises alors, aussi la providence laissa-t-elle longtemps le Canada ignoré, méconnu.

Richelieu parait, il fait le siége de la Rochelle, soumet le protestantisme révolté et achève le travail de l'unité française : oh ! alors, la providence pousse la pensée de la France vers le Canada et suscite le grand Champlain, qui vint fonder Québec et poser ainsi la première pierre de l'édifice colonial de la Nouvelle France.

Les choses n'allèrent pas vite, cependant;—les œuvres solides sont lentes à se faire, d'ordinaire, et quand Monseigneur de Laval mit le pied sur la terre de la Nouvelle-France (1659), il n'y trouvait que quelques centaines de pauvres mais courageux colons, engagés dans une guerre atroce avec des tribus sauvages ; petite phalange d'hommes à la fois missionnaires, laboureurs, chasseurs et soldats.—C'était avec des hommes de dévouement et de rudes chrétiens que la Providence voulait accomplir petit à petit son œuvre canadienne.

A mesure que les éléments religieux, moraux et matériels de la jeune colonie prenaient de la force, dans les luttes et les généreux sacrifices, la population française augmentait et cette population, (qui dans la durée du premier siècle de l'existence de la colonie n'avait atteint que le chiffre,—insignifiant si l'on compte sans évaluer,—d'environ 2,500 âmes,) arrivait sans le secours d'une grande immigration, au chiffre, peu considérable encore à la vérité, de 60,000 habitants, à la fin du second siècle de notre histoire.

A l'époque de la cession du pays (1763), on regardait ce malheur, comme irréparable, et bon nombre de familles françaises retournèrent dans leur pays. Il y avait en effet tout à appréhender de la conquête, advenant avec son cortège d'amertumes, de misères, de découragements et de défaillances.

Certes, si l'on considère à quels dangers étaient exposées la foi et la nationalité de nos pères, à la suite d'une guerre désastreuse, soutenue avec des forces inégales, lors de la cession du Canada à l'Angleterre, il y a lieu de demeurer convaincu que toutes les vertus des quelques milliers de colons abandonnés de la mère patrie, que tout le courage dont ils étaient animés, que la vigueur inhérente à la race dont ils descendaient, humainement parlant, auraient été impuissants à produire les résultats aujourd'hui réalisés.

Mais cet événement était un coup de la Providence : nos pères étaient peu nombreux, il est vrai, nos institutions étaient peu puissantes ; mais le peuple était attaché à sa foi, à sa langue, à ses mœurs, à son clergé :—les dangers de l'erreur,—apportée par les anglais,—étaient moins grands que ceux que préparaient à la France les affreuses doctrines des encyclopédistes de ce dix-huitième siècle. Déjà le bruit de l'orage de 93 grondait dans le lointain, et déjà étaient nés les hommes qui devaient voir les horreurs de la Révolution française,—comme spectateurs, comme victimes ou comme bourreaux !

Notre antique foi, notre clergé, nos églises, nos séminaires, nos couvents furent préservés—c'était tout sauver !

Et à l'époque actuelle, dans les temps rapprochés de nous—N'est-ce pas un fait providentiel que celui de cette longue stérilité de nos terres,—autrefois fertiles,—de cette longue stérilité venant juste à coïncider avec une immigration étrangère qui menaçait de nous déborder.... Le malheur nous a laissés seuls, et c'est ce qui nous fallait !...

Oui, grâce à ce constant concours de circonstances particulières—dont nous n'indiquons ici que quelques exemples,—nous sommes aujourd'hui un million de canadiens-français, formés en phalange serrée sur les bords de notre beau fleuve. Nous avons des institutions qui comptent parmi les meilleures d'entre les plus grandes et les plus belles de tout le continent d'Amérique,—et nul ne peut nourrir l'espoir, caressé si longtemps, de nous voir disparaître.—Tout cela, et surtout cette multiplication étonnante de nos familles qui, de soixante mille individus, a produit, dans un siècle, un million d'hommes, tout cela n'est-il pas un sujet de consolation et de vif espoir pour nous,—et n'est-ce pas pour nous un devoir de remercier, de temps en temps, dans des fêtes publiques, le Dieu de toute bonté qui a conduit pas à pas la marche de notre petit peuple.

La Providence a marqué l'empreinte visible de son doigt puissant sur toutes les grandes pages de notre histoire :—Qu'on le sache, qu'on le proclame et qu'on ne l'oublie jamais !—Si par malheur le Canadien un jour venait à méconnaître cette vérité, s'il venait à laisser faiblir en lui cette foi catholique qui seule l'a fait quelque chose, s'il venait à fermer l'oreille aux enseignements de l'Eglise pour écouter les voix discordantes de l'erreur, s'il venait à se séparer de son clergé qui a tout fondé sur le sol de la patrie ; oh ! alors il faudrait se voiler la face ; car, il n'y a pas à en douter, nul peuple enfant, dissipant un glorieux héritage, n'aurait tombé de plus haut ni plus bas.

Mais non, il n'en sera pas ainsi :—le peuple canadien mettra toujours sa force dans sa foi, son courage dans ses espérances d'en haut, ses œuvres dans son amour des vrais biens et il dira toujours, comme ceux qui ont fondé toutes les institutions qui

honorent notre pays :—" Si Dieu ne construit lui-même l'é-
" difice, c'est en vain que travaillent ceux qui le veulent
" élever."

III.

Il ne nous est pas plus donné de retracer dans cette courte notice, le tableau du Canada français actuel, qu'il ne nous est possible d'esquisser le passé de notre petit peuple " *catholique laboureur* et *soldat*,"—pour nous servir des expressions que naguères on adressait à la noble Bretagne! Nous aurions trop à faire s'il fallait rendre justice à tous ceux qui ont contribué à la consolidation de notre société ; mais puisqu'il s'agit, dans ce mémoire, d'une fête donnée par la première de nos maisons d'éducation, qu'il nous soit permis de décerner quelques paroles de reconnaissance à notre clergé qui a fondé les séminaires de Québec, de Montréal, de Nicolet, de Saint Hyacinthe, de Sainte Thérèse, de Sainte Anne, de l'Assomption, de Sainte Marie, nos Couvents, les Ecoles des Frères et tant d'autres maisons d'éducation pour les deux sexes ; à notre clergé qui a tant contribué à l'établissement des écoles qui couvrent le sol de notre patrie, et qui a mis le couronnement à ce bel édifice de notre enseignement public, en créant la magnifique Université-Laval.

Nous ne saurions mieux faire, pour exprimer notre gratitude, que de répéter ces belles paroles d'un de nos écrivains canadiens, M. D. P. Myrand :—" Il est aussi impossible de
" passer sous silence le rôle qu'a joué le clergé catholique dans
" cette question, qu'il le serait de taire le nom de Christophe
" Colomb dans une histoire du Nouveau Monde, qu'il le serait
" de ne point parler de Champlain quand on parle de Québec ! "

Un jour de fête nationale, l'Honorable M. Chauveau, chef du Département de l'Instruction Publique, après avoir peint le caractère affable et bon des canadiens-français, après avoir décrit les mœurs douces de nos campagnes et fait le tableau du bonheur de nos patriarchales familles d'agriculteurs, s'écriait :—" *La France a passé là !* "—Tous, en jetant les yeux sur nos nombreuses institutions et sur tout ce qui fait notre force comme nation, tous, nous pouvons ajouter :—

" L'Eglise a passé là ! "

FÊTE

DU

DEUX CENTIÈME ANNIVERSAIRE

DE

L'ARRIVÉE EN CANADA

DE

MGR. DE MONTMORENCY-LAVAL,

PREMIER ÉVÊQUE DE LA NOUVELLE-FRANCE,

LE 16 JUIN 1859.

Le 16 juin 1859 il y avait deux siècles qu'à pareille date arrivait sur nos bords le premier évêque de l'église du Canada. Comme aujourd'hui, notre pays était beau de tous les dons d'une nature généreuse—" *beau en toute perfection* "—dirons-nous, en nous servant de la pittoresque expression de notre grand Champlain ; mais au sein de cette nature grandiose, combien la société humaine était petite !

Dans ces vastes déserts, au sein de ces immenses forêts erraient des tribus barbares, étrangères à toutes les idées du christianisme et de la civilisation : noble race ; mais dont la haute intelligence dormait *à l'ombre de la mort.* Trois petits noyaux de population française, un à Québec, un à Montréal, l'autre à Trois-Rivières,quelques familles de colons éparses dans le voisinage de ces trois faibles centres, quelques centaines de sauvages, faits chrétiens par les jésuites dont plusieurs avaient déjà disparus, emportant au ciel la couronne du martyr, tel était le petit troupeau dont un de Montmorency-Laval, prince de la terre devenu humble serviteur du ciel, venait prendre la direction.

Le noble rejeton de si belle race était jeune encore lorsqu'il fut chargé de gouverner la nouvelle église, au sein de laquelle il fut reçu avec une joie facile à comprendre pour ceux qui connaissent l'histoire de nos pères et savent que, pour eux, la conversion d'un sauvage au christianisme, le baptême d'un enfant mourant étaient des choses cent fois plus importantes que la réussite de la meilleure affaire selon la matière.

Nous n'avons pas à tracer la biographie de Monseigneur de Laval (*) ; mais qu'il nous soit permis de rappeler le souvenir d'un des incidents de la fête qui eut lieu à Québec (1659), lors de son arrivée en Canada.

Les français, en recevant le jeune prélat, en même temps qu'ils faisaient acte de catholicité, faisaient aussi acte de nationalité :—ils baisaient la croix de l'apôtre, s'inclinaient devant la houlette du pasteur ; mais ils saluaient aussi l'écu des Montmorency, un des plus beaux d'entre les beaux écus de France. Les sauvages chrétiens, avec cette finesse de tact et de sentiment qui caractérise les races primitives et de bon sang, comprirent cela—et ils voulurent aussi que le noble homme de France devint le *fils adoptif* de leurs tribus, comme le prélat était leur père, à eux, aussi bien qu'à tous les autres enfants de l'Eglise :—ils adoptèrent donc Monseigneur de Laval et lui donnèrent un nom digne d'être porté par un évêque catholique et par un descendant des *premiers barons chrétiens*. Ils le nommèrent *Harioaougui*, ce qui veut dire : HOMME DE LA GRANDE AFFAIRE !

Il était bien, en effet, à tous les titres, *l'homme de la grande affaire*, cet homme dont la grande figure se reflète dans cette magnifique institution de L'UNIVERSITÉ LAVAL, dont il a jeté les bases, en fondant le Séminaire de Québec. Comme tous ceux qui s'occupent de la Grande Affaire et qui font de grandes

---

* François Xavier de Montmorency-Laval naquit à Laval, dans le diocèse de Chartres, le 30 avril 1623.—Il fit ses études à la Flèche, chez les Jésuites, et fut ordonné prêtre en 1644.—Il fut nommé Evêque de Pétrée, *in partibus infidelium*, et vicaire apostolique de la Nouvelle France en 1657.—Il arriva à Québec en 1659.—Il fonda le Séminaire de Québec en 1663 et travailla à cette œuvre toute sa vie.—Il fut définitivement nommé Evêque de Québec en 1674.

Monseigneur de Laval se démit de sa dignité en 1688, en faveur du successeur qu'il s'était choisi lui-même, Monseigneur de St. Valier. Il fit cession de tous ses biens au Séminaire de Québec dont les édifices brûlèrent deux fois de 1701 à 1705, à la grande douleur du vénérable fondateur.

Monseigneur de Laval mourut à Québec, plein de jours et de mérites, le 6 mai 1708. On accourait de toutes parts pour voir les restes du vénérable défunt, et quand on faisait acte de fermer l'accès à la chambre mortuaire, les canadiens criaient : " Laissez-nous voir le Saint ! "

choses, les obstacles et les déboires ne lui manquèrent pas :—des hommes, d'un vrai mérite d'ailleurs, des hommes, dont il eut dû attendre des secours, lui firent des misères. On le trouvait trop absolu, trop attaché à ses idées :—comme si l'homme d'une Grande Chose devait se plier à des exigences capables de compromettre son entreprise. Le pouvoir civil, bien que dans les mains de personnages importants et bien disposés, voulut aussi lui disputer quelques-unes de ses attributions ; mais rien ne pouvait fléchir cette grande intelligence et cette organisation fortement trempée : il triompha de tout par sa volonté, en mettant en pratique cette maxime d'un autre grand évêque des Gaules :—" Ma juridiction est ronde " comme la couronne de France et je saurai bien empêcher " qu'on ne vienne l'entamer. "

Il appartenait aux messieurs du Séminaire de Québec, fondateurs de l'Université Laval et continuateurs de l'œuvre du premier évêque du Canada, de prendre, avec l'approbation et le concours de l'Archevêché, l'initiative de la fête dont nous allons tâcher de rendre compte.

II.

Avant de commencer le compte-rendu de la fête anniversaire dont il s'agit, il ne sera pas sans intérêt, ni hors de propos, de dire un mot de la fondation et des progrès de l'Université Laval ;—cette grande institution, complément de l'œuvre de Monseigneur de Montmorency.

" C'est en 1852, lisons-nous dans l'Annuaire universitaire " de 1858, que le Supérieur et les Directeurs du Séminaire de " Québec, par le conseil de N. N. S. S. les Evêques du Canada, " adressèrent une supplique à S. M. la reine Victoria, pour " obtenir que leur établissement fût érigé en Université. " Cette supplique, appuyée de la recommandation du Gouver- " neur-Général en Conseil, fut favorablement accueillie, et la " grâce demandée fut acordée par des Lettres Patentes, don- " nées à Westminster le 8 septembre de la même année.

" D'un autre côté, sur la demande de N. N. S. S. les Evê- " ques, le Souverain-Pontife, par un indult du 6 mars 1853, " accorda l'autorisation de conférer les degrés ordinaires en " théologie. Cependant Sa Sainteté mit pour condition à

" cette faveur que les candidats fussent toujours des élèves de " l'institution, et que ceux qui obtiendraient le doctorat, y " eussent étudié durant quatre ans."

Les travaux d'organisation première étant terminés, le Séminaire de Québec se mit de suite à l'ouvrage pour ajouter, aux vastes édifices de son ancienne maison, les constructions nécessaires à l'Université. Aujourd'hui on peut admirer les trois grands bâtiments qui, sous les noms d'*Université*, d'*Ecole de Médecine* et de *Pensionnat*, servent au personnel et au matériel de la nouvelle institution.

Ces édifices ont été construits d'après les plans-dévis et sous la surveillance de M. C. Baillargé, architecte. Le principal corps de logis, l'*Université*, est un bâtiment de 300 pieds de longueur, sur une largeur moyenne de 56 pieds et une élévation de 80 pieds au-dessus du sol. Cette immense construction contient les bibliothèques, musées, laboratoires, amphithéâtres, salons des conseils universitaires et chambres des professeurs : plus une salle publique de 100 pieds de longueur sur 48 de largeur et 25 de hauteur, avec galeries.

L'*Ecole de Médecine* a 75 pieds de front, 60 pieds de profondeur et a quatre étages : ce logement contient une bibliothèque, un musée d'anatomie et de pathologie, un amphithéâtre d'anatomie, des salles pour les cours et des chambres pour les professeurs.

Le *Pensionnat* a 100 pieds de longueur sur une profondeur de 40 pieds et une élévation de 70 pieds audessus du sol : ce bâtiment contient environ 100 appartements pour le logement et l'usage des élèves pensionnaires. A mesure que le besoin s'en fera sentir on prolongera ce corps de logis.

Les diverses bibliothèques de l'Institution forment aujourd'hui un ensemble de près de 30,000 volumes. Le musée médical se compose aujourd'hui de près de 1,000 pièces naturelles et artificielles,—d'une collection complète d'instruments de chirurgie, fabriqués par M. Mathieu de Paris, et d'un cabinet de matière médicale et de pharmacie.

Le Cabinet de physique de l'Université et du Séminaire est un des plus complets que possède le continent américain.

Le musée de minéralogie et de géologie compte environ 2,000 échantillons étrangers et 2,000 échantillons du pays.

Le musée botanique se compose de plusieurs herbiers très précieux.—On s'occupe en ce moment de l'organisation du musée zoologique qui ne renferme encore qu'un petit nombre de pièces.

Les chaires des diverses facultés sont occupées par des professeurs *ordinaires* et *extraordinaires.* La Faculté de Théologie compte aujourd'hui trois chaires remplies ;—la Faculté de droit neuf ;—la Faculté de Médecine treize ;—la Faculté des Arts six. On ajoutera de nouvelles chaires à ces diverses facultés, à mesure que l'organisation de cette vaste administration le permettra.

Voilà en peu de mots l'ensemble de ce qui a été fait depuis à peine six ans par l'Université Laval, et voilà ce que savent faire, pour les Canadiens, l'Eglise et le Clergé !

L'exécution de tous ces travaux a exigé la dépense d'une somme de plus de trois cents mille piastres ; et le grand nombre de ceux qui ont visité, dans les deux jours dont nous avons à rendre compte, pour la première fois, ces superbes bâtiments ont dû être surpris de tout ce qu'on a accompli en si peu d'années. Beaucoup de gens, qui avaient à peine entendu parler de cette Institution, ou qui n'avaient fait que peu d'attention aux paroles de ceux qui leur en avaient parlé, ont dû se dire, comme nous disait, l'an dernier, un voyageur anglais distingué :—“ Mais c'est pour moi toute une découverte !”

C'est que voyez-vous les hommes qui font ces choses les font pour Dieu et pour la Patrie, sans vaine gloire, sans calcul et sans ostentation ; contents de ne recevoir dans ce monde, pour prix de leurs services, que la nourriture et le vêtement, certains qu'ils sont, comme Job, qu'ils ressusciteront un jour. Voilà la pensée qui fait les grandes œuvres, et les fait bien et sans grand fracas.—Ceux en faveur de qui nous disons ces choses nous pardonneront de faire violence à leurs sentiments; parce que nous le faisons dans l'intérêt d'une œuvre qui a besoin de concours humains et pour l'accomplissement de laquelle, par conséquent, il faut bien forcément un peu compter avec les faiblesses et les misères humaines.

III.

La série des exercices de la fête dont il s'agit commença mercredi, le 15 juin, veille du grand anniversaire qu'on voulait célébrer, par l'examen public du premier candidat au doctorat, élève de l'Institution.

Le candidat au doctorat en médecine, maintenant le Docteur LaRue, élève du Séminaire de Québec et premier élève gradué de l'Université-Laval, avait choisi pour sujet de sa thèse la question du suicide.

Le suicide, cette plaie sociale qui souvent ne tarit pas seulement, chez la malheureuse victime de lui-même, les sources de la vie, mais encore celles du repentir, plaie morale encore plus que physique, était un sujet admirablement choisi pour l'occasion. Le candidat, en sa qualité de médecin, devait traiter une question médicale,—et, en sa qualité d'élève d'une institution au sein de laquelle l'éducation religieuse et morale éclaire la route dans les sentiers, souvent obscurs, de la science, il devait aussi profiter de cette première occasion, pour aborder un de ces hauts problèmes dont la solution importe tant aux individus et à la société.

Cette solution, comme celle de toutes les grandes questions, est toute donnée par la religion ; mais il faut que les hommes de religion se chargent de la faire accepter, et le Docteur LaRue, dans la mesure de ses attributions, a fourni son concours ; léguant ainsi à ceux qui le suivront dans la carrière des études universitaires une tradition féconde en bons résultats.

L'épigraphe qui se lit en tête de la thèse du Dr. LaRue est empruntée à l'un des meilleurs auteurs modernes et elle explique, en deux mots, la pensée qui a présidé aux travaux de notre jeune compatriote et ami :—" Le sentiment religieux, " en général, est le préservatif le plus efficace du suicide." (M. E. Lisle.)

Ce travail n'est pas seulement une thèse ; c'est un livre, et un livre par lequel des faits nouveaux et importants sont acquis à la science. Des statistique soignées, sur l'état du suicide dans le Bas-Canada et au sein des nations sauvages du Nord de l'Amérique, sont, pour la première fois, exposées publiquement dans cet ouvrage :—Et un fait patent ressort de de leur comparaison avec les données déjà fournies par la science, c'est qu'au sein de la plus haute civilisation, comme au sein de la plus profonde barbarie, le suicide augmente ou diminue en fréquence, en raison directe des idées religieuses et morales des peuples et de l'état doctrinal, si l'on peut ainsi parler, des populations.

Après cela, il serait bien superflu de dire que le Docteur LaRue a fait là un beau livre ; quand on se place à cette hauteur de vue, il est évident qu'on ne peut manquer d'arriver à bien, et quand le cœur est servi par une belle intelligence, comme c'est heureusement le cas pour notre jeune docteur, on arrive toujours au succès.

Point non plus, n'est besoin de dire que le candidat a,—mercredi matin devant le public médical et mercredi dans l'après midi devant tout le public,—soutenu sa thèse avec bonheur et répondu savamment aux autres questions que, pendant trois heures, les professeurs de la Faculté de Médécine n'ont cessé de lui adresser sur les diverses branches de la science.

Aussi le recipiendaire n'a t-il vu sortir de l'urne que des boules blanches.

Citons les trois *conclusions* principales auxquelles M. La Rue en est venu dans sa thèse ; nous les livrons ici sans commentaires et dans tout leur éloquent laconisme :

" 1° Le chiffre des suicides est en rapport direct avec l'état " moral des populations."

" 2° De tout les pays civilisés du globe, où les statistiques " sur le suicide ont été relevées, le Bas-Canada est celui qui " fournit de beaucoup le chiffre le moins élevé."

" 3° Contrairement à ce que l'on voit dans les autres pays " civilisés, le nombre des suicides, loin d'augmenter dans le " Bas-Canada, tend, au contraire, à diminuer."

Il ne sera pas non plus sans intérêt de donner ici la liste des questions qui ont été la matière de l'examen public du candidat M. La Rue :

Chimie.—Décrire l'analyse qualitative d'un ou plusieurs mélanges de plusieurs acides et bases inorganiques (le nombre et le choix étant laissés aux Professeurs, au moment même de l'examen.)

" Mat. Medicale et Therapeutique.—De l'ergot de seigle,

" Anatomie.—L'œil et ses dépendances—La région axillaire.

" Physiologie.—Du sang.

" Pathologie Generale.—Des altérations du sang.

" Pathologie interne.—De l'auscultation et de la percussion, dans les maladies de poitrine—Valeur séméiotique des divers signes—Modes de production, etc.

" Pathologie externe.—Des anévrysmes, en général.

" Tocologie.—Des hémorrhagies utérines.

" Medecine legale et Toxicologie.—Valeur comparative des diverses méthodes proposées pour la recherche de l'arsenic et de ses composés, mélangés ou non avec les matières organiques.

" Hygiene.—De l'éclairage artificiel—du chauffage et de la ventilation."

IV.

Pendant la soirée du même jour, 15 juin, eut lieu dans la grande salle de l'Université, une séance académique, donnée au public par MM. les élèves du Petit Séminaire de Québec.

Le débat, comme on va le voir, empruntait ses formes aux us et coutumes des assemblées délibérentes, et le sujet discuté avait trait à la question de l'enseignement collégial. Les discours,—dont nous allons reproduire ici les principaux points, attendu que le cadre de cette brochure ne permettrait pas de les reproduire en entier,—composés par les élèves eux-mêmes, révélaient de beaux talents et dénotaient une tournure heureuse d'esprit chez tous ces jeunes gens : les traits fins, la verve piquante et la bonne satyre ne manquaient pas et, comme toujours, n'étaient pas de trop. La docte assemblée adopta, après *mûre délibération*, un plan d'études classiques *à peu près* semblable à celui qui est suivi, avec tant de succès, au séminaire de Québec et dans nos autres grands colléges.—et elle fit bien.

Pour faire connaître l'objet de la discussion, et avant de fournir les extraits reproduits des manuscrits originaux des élèves, nous croyons devoir emprunter à l'*Abeille*,—petite feuille hebdomadaire, *rédigée et imprimée* par les élèves du

Petit Séminaire de Québec et *publiée à* 1,000 *exemplaires*,—le premier paragraphe de son compte-rendu de la séance en question, voici :

“ Nos confrères ont voulu mêler leur faible voix aux témoignages de reconnaissance rendus par nos supérieurs à la mémoire de Mgr. de Laval. Comme la discussion est propre à exciter l'intérêt, surtout lorsqu'on y débat des questions d'où dépend la prospérité d'un pays, ils avaient cru devoir se placer sur ce terrain. Voici le sujet dont ils avaient fait choix.

“ Un riche citoyen d'une ville située dans le Bas-Canada, avait fait en mourant un legs considérable pour y fonder un collége. Le conseil municipal avait chargé un comité de faire un rapport sur les meilleurs moyens de remplir les dernières intentions du donateur. Le rapport de ce comité était alors soumis à l'examen du Conseil ; il s'agissait de discuter les deux paragraphes suivants :

“ Le cours d'études sera de neuf années dont six d'Humanité, une de Rhétorique et deux de Philosophie.

“ La principale occupation des élèves durant la première
“ année d'Humanité, sera l'étude des langues latine et française,
“ et, durant les quatre suivantes, on y joindra l'étude de la
“ langue grecque. Néanmoins les élèves recevront une leçon
“ d'anglais chaque jour, dans la première classe, et trois leçons
“ par semaine dans les autres.”

“ Les membres présents étaient MM. P. Doherty, Alexis Pelletier, Eugène Méthot, Napoléon Laliberté, Charles Antoine Delâge, Jean Gagné, Athanase Lepage, Marcel Chabot, Louis Leclerc, et Napoléon Cinq-Mars. Le maire était M. Louis Pâquet.”

ANALYSE DU DISCOURS DE M. LECLERC.

(*Ce discours est le seul dont nous n'avons pas pu nous procurer le manuscrit original.*)

“ M. Leclerc veut abréger le cours d'études et prétend que la durée n'en devrait pas dépasser quatre ou cinq ans. Dans un pays comme le nôtre, il serait absurde de vouloir un cours d'études de neuf années ! ce n'est souvent qu'à l'âge de quatorze ou quinze ans que l'on entre au collége. On n'en sortirait qu'à vingt-trois ou vingt-quatre ans. Si l'on entre ensuite en profession, comment se former une clientelle avant l'âge de quarante ans ? Ceux qui ont eu le courage d'étudier si longtemps pourront bien avoir le plaisir de léguer des biens à leur mort, mais ils ne goûteront guères celui d'en jouir pendant leur vie, à moins qu'elle n'égale celle de Mathusalem.

" La modicité des fortunes nécessite encore, parmi nous, la brièveté du cours d'études. Il y a si peu de parents en moyen de fournir à des dépenses aussi considérables ! Aussi qu'arrive-t-il ? La plupart de ceux qui commencent ces longues études classiques ou manquent de moyens pour les terminer ou perdent courage, à la pensée d'y consacrer un temps aussi considérable. De là vient que peu se rendent au bout de la carrière. Cependant, ceux qui abandonnent ainsi leurs études sont souvent les plus remarquables sous le rapport des talents et de l'énergie. Ils embrassent ensuite une profession libérale sans avoir pu acquérir les connaissances suffisantes.

" M. Leclerc est persuadé qu'un cours de quatre ou cinq ans, convenablement dirigé, obvierait à ces inconvénients ; un plus grand nombre de jeunes gens pourraient le suivre ; puis l'on pourrait y apprendre tout ce qu'il y a de vraiment utile à savoir ; et, après cela, on aurait encore le temps d'étudier une profession avant d'être parvenu à l'âge où il est permis de l'exercer.

"Si l'on en croit M. Leclerc, le plan qu'il propose est celui que suivent aux Etats-Unis, les colléges les plus renommés, tels que ceux de Cambridge et de Yale. Imitons nos voisins qui connaissent si bien le prix du temps. Renonçons à cette vieille routine qui est si nuisible au progrès de la société et nous aurons rendu un véritable service à notre jeune patrie, a dit l'orateur. "

EXTRAITS DU DISCOURS DE M. CHABOT.

" M. le Maire,

" Attentive à ses intérêts et occupée du jugement que vous allez porter, la jeunesse de cette ville voit avec impatience arriver le résultat de vos délibérations. Un moment consternée à la pensée des neuf ou dix années de collége que lui destinait le *Rapport du Comité*, elle a pu entendre avec plaisir M. Leclerc proposer des études plus courtes et plus pratiques ; mais cette première ivresse a dû bientôt être changée en un profond désespoir.

" Vous voulez, en effet, M. Leclerc, des études plus courtes, mais vous ne voulez pas mettre de côté l'étude des langues mortes : ne voyez-vous pas que si vous vous opposez à la longueur des études des grands colléges, vous êtes par là même obligé de blâmer ce qui fait le fonds de ces études si longues et si ennuyeuses? Ne vous êtes-vous donc pas aperçu que, si vous retranchez quelques années sur la longueur des Cours d'études, cela ne peut se faire qu'en retranchant quelques unes des matières de ces cours?

" Et, s'il faut retrancher quelque chose de ce qu'on enseigne dans les grands collèges, ne devons-nous pas retrancher de préférence la matière de ces connaissances qui ne sont utiles ni à la jeunesse ni au pays? Or, qui osera dire que le Grec et le Latin, ces langues mortes, soient utiles à la jeunesse et au pays? Elles ne servent à personne, nous pouvons le dire avec certitude; à personne le grec et le latin ne sont utiles, excepté néanmoins au prêtre qui est tenu de savoir un peu, non pas les deux, mais le latin seulement.................................

....

" Ah! messieurs, si les langues mortes sont absolument inutiles, renoncez donc à la coutume si déraisonnable de faire apprendre des choses inutiles à la jeunesse........ Prenez garde surtout de vous laisser influencer par l'autorité des directeurs des grands collèges, auxquels vous devez vous même votre instruction. Sera-ce une injure à leur faire?—Non, on ne fait pas injure à des personnes qui reconnaissent elles-mêmes leurs torts, mais qui se croient trop avancées dans un système, pour revenir sur leurs pas.... Dans cette affaire, de la plus haute importance, vous ne devez prendre conseil que de la raison et du simple bon sens."

EXTRAITS DU DISCOURS DE M. LALIBERTÉ.

" Monsieur le Maire,

" Les belles paroles que vient de prononcer M. Chabot sont bien dignes d'éloges: cependant je l'aurais vu avec plaisir parler davantage de l'importance, ou plutôt de la rigoureuse nécessité qu'il y a pour nous d'étudier la langue anglaise.

....

" Tous les Canadiens-Français ressentent un besoin plus ou moins pressant de savoir la langue anglaise et, cependant nos colléges et nos maisons d'éducation paraissent ne pas le comprendre. Dans la plupart de ces établissements, les études sont à peu près ce qu'elles seraient si nous étions encore sous la domination française. On a fait entrer dans les cours d'études une foule de choses tout-à-fait inutiles: on a élevé des Universités, on a créé des chaires d'Histoire, de Droit, de Médecine, et l'anglais, la seule chose importante, est presque demeuré dans l'oubli:—on consacre trois heures par semaine à une étude aussi nécessaire!

“ Les résultats d'un pareil système sont faciles à concevoir : des jeunes gens qui ont passé huit et même dix ans dans ces colléges, à approfondir le latin, le grec et le français, n'en demeurent pas moins ignorants aux yeux de *tout le monde ;* et pourquoi cela ? Parce qu'ils ne savent pas l'anglais et parce qu'on est parfaitement convaincu que, sans l'anglais, l'éducation est presque nulle.—Ensuite si une place honorable et lucrative devient vacante, le jeune homme qui a étudié tant soit peu le français et qui possède bien l'anglais se voit aussitôt préféré ; et, M. le Maire, n'est-il pas vrai de dire que, dans un pays comme le nôtre, le jeune homme qui a trouvé une place a trouvé un véritable trésor ?

....

“ Ne vaudrait-il pas cent fois mieux abolir, sinon entièrement du moins en partie, cette étude prolongée et inutile du grec et du latin, mais surtout du Grec ? Je vous avoue que je ne sais point du tout où on veut en venir, en consacrant des cinq et des six années à des choses aussi insignifiantes....................

....

“ Oui, M. le Maire, je ne crains pas de l'affirmer, l'anglais, dans les temps où nous vivons, nous est plus nécessaire que le français. Si l'on veut se récrier contre une telle assertion qu'on aille assister, une fois seulement, aux séances de l'Assemblée Législative. Là se trouvent réunis presqu'autant de représentants canadiens que de représentants anglais, et cependant les orateurs ne parlent que la langue anglaise. A peine trouverez-vous quelques canadiens qui emploient la langue de leurs pères ! ....

“ Au reste lorsque je demande de négliger le français, je crois m'acquitter d'un devoir envers le Canada ! N'allez pas croire cependant que je veuille l'abolition de cette langue ; à Dieu ne plaise ! Mais, comme il est évident que l'anglais nous est absolument nécessaire et que l'étude de cette langue offre de très grandes difficultés pour nous tous canadiens, je voudrais qu'on y consacrât plus de temps qu'au français, au risque même de posséder moins bien celui-ci.”

EXTRAITS DU DISCOURS DE M. LEPAGE.

“ Je n'étais pas venu à cette séance, M. le Maire, dans l'intention de prendre la parole ; car je reconnais bien volontiers qu'il y a, dans ce conseil, des personnes beaucoup plus capables que moi de discuter l'affaire difficile et importante qui nous occupe en ce moment ;—mais après ce que je viens d'entendre, je me ferais un scrupule de ne pas protester, avec toute l'énergie dont je suis capable, contre une demande aussi singulière que celle du presqu'abandon de notre langue.

" M. Laliberté veut que notre jeunesse n'apprenne le français que comme une chose secondaire ;—que l'anglais soit le principal objet des études ! C'est-à-dire que c'est abandonner notre langue française ; car c'est l'abandonner que de la reléguer au second rang !

" Eh ! messieurs, quel est celui qui ose nous faire une pareille proposition ?—Est-ce un homme qui aurait juré de faire disparaître tout ce qui, dans notre pays, porte le caractère français ?—Non, MM. non, c'est un homme qui veut et qui croit rendre service à sa patrie : mais qui agit précisément comme celui qui désirerait sa ruine !......................................

....

" Je réponds à un homme qui doit savoir que la langue française est, sans contestation, la première des langues vivantes : la langue des savants, de la diplomatie, des hommes haut placés et des souverains, qui se font un devoir de l'apprendre.

....

" Et si l'on veut des preuves, je ne citerai que l'audience donnée par Notre Saint Père, le Pape actuel, à notre futur Souverain, le Prince de Galles : ils sont tous deux d'une origine étrangère à la France, cependant ils parlèrent français. Je vous demanderai aussi de quelle langue se servaient les souverains et les ambassadeurs du dernier congrès de Paris ?

....

Qu'il soit bien entendu, que je ne veux pas proscrire absolument la langue anglaise ; je veux bien que ceux qui en ont besoin l'apprennent ;—mais que pour cela elle prenne le pas sur la langue française chez les canadiens-français :—je n'ai pas d'expression assez forte pour exécrer une pareille doctrine. Renoncer à notre langue ! mais c'est renoncer à l'une des plus belles portions de l'héritage que nous ont laissé nos pères ? Renoncer à notre langue ! c'est renoncer à notre nationalité ; l'une ne peut subsister sans l'autre. Renoncer à notre langue ! c'est cesser d'être canadiens-français !

....

Si vous alliez, messieurs, fermer votre collége aux enfants de ce peuple admirable, qui, dès son enfance, sut se faire respecter de ses ennemis qu'ils fussent sauvages ou civilisés, on saurait bien trouver d'autres institutions où on apprend à apprécier la langue de tant d'écrivains illustres que l'Europe envie à la France. Il trouvera, ce peuple, d'autres institutions où on apprend à la jeunesse à être fidèle à son pays, à respecter sa nationalité, sa langue, ses institutions et ses lois ; à se montrer, en un mot, digne de ses ancêtres ! "

EXTRAITS DU DISCOURS DE M. GAGNÉ.

“ M. le Maire,

“ Je suis persuadé que tous les membres de ce Conseil ont bien compris M. Laliberté, à l'exception cependant de M. Lepage qui s'est laissé aller au transport de son patriotisme,— louable sans doute, éclairé peut-être ; mais intempestif ; car qui jamais eut cru notre nationalité mise en danger par l'étude de l'anglais ?..

....

“ Quant aux autres parties d'un cours d'études, je crois devoir aller beaucoup plus loin que M. Laliberté. Et d'abord, messieurs, je vous en supplie, point de grec dans nos études. Je proteste ici que j'ai une reconnaissance sans bornes pour les savants directeurs du collége où j'ai fait mon éducation ; cependant je ne puis m'empêcher de l'avouer, je leur conserve une petite rancune.—Pourquoi m'ont-ils fait apprendre le grec ?— Pourquoi passer des heures, des jours, des années entières à feuilleter un dictionnaire, à suer sang et eau sur un texte obscur de Démosthène ou d'Euripide ? Depuis que j'ai laissé les bancs de la Rhétorique, quelle utilité, je vous le demande, ai-je retiré de ce travail ?—Si j'ai l'honneur d'appartenir à ce Conseil, est-ce que je le dois au Grec ?.......,............

....

“ Je serai moins sévère pour le latin ; peut-être parce que je n'ai pas encore pu me débarrasser d'anciens préjugés. Etablissons donc un cours facultatif de latin ; qu'il soit de deux ans et renvoyons-le à la fin des études. Les élèves qui auront fait choix d'un état de vie pourront suivre ce cours, s'ils se destinent à grossir les rangs de notre clergé, tandis que les autres approfondiront les autres matières.

“ Mais quelles sont ces autres matières ? Elles se présentent d'elles-mêmes, messieurs, ce sont l'histoire, les mathématiques, la jurisprudence, l'Economie politique, le Droit Constitutionnel. Vous le voyez, messieurs, je déclare franchement mon avis : je ne veux point que nous formions des petits maitres, des pédants, des hommes infatués d'eux-mêmes, parce qu'ils auront, comme on dit, lu dans les gros livres. Je veux que notre jeunesse soit préparée à une vie vraiment pratique. Laissons là ceux qui ont les loisirs de se perdre dans les vides régions de l'idéal ; pour nous, visons au solide ! Pour cela, permettons encore aux élèves la lecture des journaux. Quoi, nous leur défendrions de venir s'abreuver à cette source féconde de toutes les connaissances, le Journal ! Mais c'est le résumé quotidien de tout ce que le monde littéraire, politique et scientifique offre à la fois de plus attrayant et de plus instructif. Le journal! mais c'est le répertoire du genre humain tout entier! Le journal! mais c'est.... Ah! messieurs, je ne finirais pas si je voulais entreprendre l'éloge de cette invention moderne!

....

EXTRAITS DU DISCOURS DE M. CINQ-MARS.

" Messieurs,

J'entrevois l'intention de M. Gagné, elle est droite et louable, ses sympathies pour la jeunesse percent dans toutes ses paroles. Je crois néanmoins qu'il s'abuse sur les véritables intérêts du jeune âge. Il voit tous les jours des élèves se lancer dans le monde, avides de jouissances: à peine ont-ils goûté les douceurs de la liberté que, bientôt, le travail vient se présenter à eux aussi pénible que sous le toit du collége.—M. Gagné désire leur épargner ce soucis et en faire des hommes, avec fort peu de temps et de peines, ne leur laissant après leurs études que le soin de bénir les auteurs de leurs loisirs. C'est très beau et très bien; mais peut-être y a-t-il certaines difficultés. dans l'accomplissement de ce beau rêve, que M. Gagné n'a pas entrevues, certaines conséquences auxquelles il n'a pas songé.

" D'abord, ce n'est pas sans peine qu'on fait de véritables savants de vingt à vingt-deux ans! Nous n'avons encore jusqu'ici aucun exemple d'une institution qui ait obtenu ce résultat: en fonder une de cette force serait l'œuvre la plus étonnante de ce siècle de progrès! En supposant que cette œuvre fut possible, les moyens proposés me semblent peu propres à obtenir le résultat désiré. On ne forme pas les hommes en promenant leur esprit sur un grand nombre d'objets: ce qu'on gagne ainsi en superficie on le perd en profondeur. C'est pour cette raison que la plupart des hommes de notre époque n'ont guère qu'un éclat trompeur et une apparence d'érudition: ils peuvent, à l'aide de leur Bouillet, dire un mot sur tous les sujets, mais au bout de quelques phrases ils commencent à balbutier et à sentir le terrain manquer sous leurs pas,

" Jugé à ce point de vue, le programme de M. Gagné me parait trop rempli: Je pense que nous pouvons en retrancher avec avantage l'enseignement de l'Economie Politique et la lecture des journaux...

" Je ne sais pas, MM., s'il en est parmi vous qui se soient jamais demandé ce que c'est que l'Economie Politique. Assurément, ce n'est point une science! Une science est un ensemble de vérités déduites évidemment de principes certains—et, dans l'économie politique, telle qu'elle existe aujourd'hui, presque tout est arbitraire: on y trouve, épars sans ordre et sans suite, les fruits de l'observation de quelques hommes influencés, chacun à sa manière, par les idées, les coutumes, les usages et les intérêts de sa caste ou de sa nation.

....

" Il faut donc trouver à l'écolier d'autres aliments plus substantiels ; mais n'allons pas, tombant d'un précipice dans un autre, nous imaginer les voir dans la lecture des journaux. —Ce n'est pas que je blâme une maison d'éducation où l'on permet cette lecture avec de sages réserves ;—mais j'estime encore mieux celles qui l'interdisent tout à fait.

" Si, comme on le dit, les journaux ne sont pas des oracles, ils le sont moins aujourd'hui que jamais. Le journaliste méconnaît souvent son devoir ; souvent il charge son pesant fardeau, sans consulter sa force et ses épaules. On voit parfois de jeunes gens, à peine sortis du collége, se transformer tout-à-coup en rédacteurs et venir traiter avec aplomb les questions les plus graves de la politique, de la littérature, de la philosophie, de la théologie même, enfin de toutes les sciences divines et humaines. Exigez, après cela, si vous en avez le courage, que leurs journaux soient exempts d'erreurs, surtout lorsque des correspondants tiennent à marcher sur les traces de leurs chefs. Dans certains pays une plume cultivée peut seule avoir accès dans un journal, ici on y écrit pour se former, aux dépens des lecteurs. Cependant on n'y a pas plutôt empreint ses pensées que l'on se croit écrivain et à l'abri de toute critique. Cette obstination à repousser la censure, ferme les voies de l'amélioration et des perfectionnements. Les principes les plus erronés se propagent dans les journaux et l'enfant, sans défiance, se les approprie, parce qu'ils ont l'apparence de la vérité.

" C'est dans les journaux surtout que l'esprit de parti se montre, avec son hideux cortége de haines, de calomnies et de vengeances. Aux erreurs causées par l'ignorance on en ajoute de plus funestes et de plus coupables. Ouvrez beaucoup de feuilles politiques, lisez les articles éditoriaux, les correspondances parlementaires, les comptes-rendus, les nouvelles locales, et dites-moi si, de tout cela, il ne résulte point que les honnêtes gens et les gens intelligents sont du parti de l'écrivain, tandis que le parti opposé ne se compose que de fripons et de badauds. Belle école que celle où l'on apprend à traiter ainsi les hommes qui sont d'une opinion contraire à la sienne...

“ Mais voici un écueil plus dangereux encore. Les journaux peuvent introduire le ferment des passions politiques dans ces jeunes âmes, dont l'ardeur et la fougue manquent souvent d'aliments et qui sont, d'ordinaire, disposées à profiter de ceux qu'on leur offre :—alors, adieu la concorde et la paix qui doivent accompagner les études sérieuses. Chacun se permettrait d'avoir sur tous les points ses opinions tranchées : le feu s'allumerait par le choc des prétentions diverses, et on verrait les élèves se quereller entre'eux, pour des hommes qu'ils ne connaissent pas et qui les connaissent encore moins. En adoptant ce plan nous fonderions, au lieu d'un collége, un antre de chicane.

EXTRAITS DU DISCOURS DE M. MÉTHOT.

“ Monsieur le Maire,

“ Mon honorable collègue, M. Gagné, a cru devoir revenir à la charge en faveur de l'anglais, malgré la véhémente réponse faite par M. Lepage aux suggestions de M. Laliberté. Certes, il faut le dire, je suis grandement surpris de voir un descendant d'une de nos plus anciennes familles canadiennes françaises plaider, avec tant de chaleur, la cause d'une langue étrangère contre celle de ses ayeux.

“ Ah ! puisque les plus nobles sentiments se taisent ici, pour faire place à une vaine curiosité de plaire ; puisque, laissant de côté tous les conseils de l'expérience, on ne consulte que de prétendus intérêts matériels, commerciaux, *pécuniaires*, je vais essayer de démontrer à mon honorable ami les dangers de son système.

“ Ne croyez pas que je veuille proscrire de nos colléges l'enseignement de l'anglais. Non, je pense qu'il est important que nos jeunes gens instruits puissent parler et écrire cette langue ; mais il n'est pas absolument nécessaire que ce soit au sortir du collége. Remarquez que je dis *nécessaire* et non pas *désirable* ; car si on pouvait, sans négliger le français et les autres études classiques, prendre une connaissance parfaite de l'anglais au collége, la chose serait sans doute excellente. Mais est-ce possible ?........ Vous voulez faire parler l'anglais dans les colléges :—mieux vous y réussirez, moins bien vos élèves pourront parler le français !............................

“ J'ai honte et grandement honte quand j'entends dire à des compatriotes, au milieu de notre société canadienne :—*M. X. a marié mademoiselle une telle*, pour dire qu'il a épousé cette jeune personne. *M. C. va se porter en avant pour le comté de Lambton*, pour dire qu'il va briguer les suffrages des électeurs de ce comté. *J'ai été appointé* à tel emploi. *J'ai fait*

discompter vos billets. Je lui ai payé une visite.—Je ne finirais pas si je voulais énumérer tous les anglicismes qui sont en usage dans la conversation et qui s'introduisent, *in fraudem legis* sans doute, jusque dans nos journaux. Le mal est général, dans les réunions publiques, dans les ateliers et jusque dans les salons, on emploie, sans s'en douter, une foule de locutions anglaises. Il n'est pas jusqu'aux dames qui, reniant les belles traditions du beau monde, s'efforcent de défigurer la belle langue qui donnait tant de distinction aux élégantes causeries du grand siècle de Louis XIV. Oui, des dames canadiennes, à qui la Providence a donné un organe si flexible et si doux, une si grande facilité d'expression, qui pourraient charmer par l'éclat d'une éblouissante causerie française, des dames canadiennes préfèrent le rapide idiome de Lady Stanhope à la douce langue des Sévigné et des Maintenon. Plusieurs de nos dames n'ont plus dans leur toilette que des *scarfs*, des *fancy dresses*, des *hoops ;* sur la table que des *teabords*, des *stands ;* et ne connaissent plus en soirée que la *ladies chain* et la *spanish danse !*.......................
.....................................Les plus avancés, dans la *culture* de l'anglais, nous feront des phrase scomme celle-ci :—" Je faisais " ce voyage pour *watcher*, les *proceedings ;* en revenant " *l'Engine* du *steamboat* s'est arrèté, c'était le *screw* qui avait " pris du *slack*."..

....

" Je ne rougis pas d'entendre un Canadien estropier l'anglais qui n'est pas sa langue ; mais j'ai grandement honte quand j'entends un canadien, membre de ce conseil, parler en ces termes :—*M. le Maire l'adresse que votre honneur a délivrée dans le dernier meeting a fait impression sur le mob :*— L'Aqueduc est un *improvement* pour la cité :—sous de telles circonstances le comité des *Water Works* etc...........................

....

" Dans nos colléges on croit qu'il vaut mieux que les élèves sachent bien leur langue maternelle et moins bien l'anglais. On tient à la belle langue que nous ont léguée nos pères et nous ne saurions prendre une autre décision, sans mettre en danger l'existence de notre propre langue et par conséquent de notre nationalité. Que nos jeunes gens sachent assez d'anglais pour se tirer d'affaire dans les professions, c'est tout ce que nous devons leur demander.

" Je crois que nos anciens colléges ont raison de conserver le cours d'étude tel qu'il existe et je proteste encore une fois contre les systèmes nouveaux qu'on voudrait faire prévaloir dans la circonstance actuelle.

EXTRAITS DU DISCOURS DE M. PELLETIER.

“ La manière victorieuse avec laquelle MM. Méthot et Cinq-Mars, ont refuté quelques-unes des objections qu'on a faites, contre les paragraphes du rapport que nous discutons en ce moment, me fait regretter qu'ils se soient arrêtés en si beau chemin et qu'ils n'aient pas achevé leur triomphe. Bien que cette tâche soit rude et difficile, je l'entreprendrai cependant en m'efforçant d'être aussi clair et aussi bref que possible.

“ J'avouerai tout d'abord que je ne me suis hazardé à traiter une question d'une si haute importance qu'après avoir consulté les hommes les plus entendus en pareille matière et que, si sur bien des points leurs convictions ont corroboré la mienne, sur d'autres la force de leurs arguments a complètement changé mes opinions. En agissant ainsi j'ai fait, je pense, ce que devraient faire, mais ce que ne font pas toujours, ceux qui se donnent mission de bâtir de nouveaux plans d'études, ou de blâmer ceux auxquels s'est arrêté l'expérience; car la raison nous dit que nous ne devrions jamais nous aventurer dans la voie dangereuse des réformes qu'en compagnie des guides les plus sages et les plus expérimentés.

“ De quelle manière procède-t-on, cependant, aujourd'hui ? Bien que l'éducation de la jeunesse soit l'art des arts, le premier venu, celui qui bien souvent n'a jamais étudié prend sur lui la responsabilité d'indiquer ce qu'il conviendrait d'ajouter ou de retrancher dans le programme des études, et il regarde d'un œil de pitié ceux qui ont d'excellentes raisons pour ne point penser comme lui..

....

“ Quelques-uns s'imaginent que l'éducation classique a pour but immédiat de préparer les jeunes gens à remplir un certain nombre d'emplois, lorsqu'ils seront sortis du collége ; ou, en d'autres termes, ils croient qu'un écolier ne doit étudier que les matières qui lui sont absolument indispensables pour entrer dans l'état de vie auquel il se destine. Ceux qui se font de pareilles idées sur le but principal des études classiques sont dans une bien grande erreur.................................. Les études classiques doivent être, pour l'esprit, ce que sont, pour le corps, les exercices gymnastiques ; elles doivent être générales et non pas spéciales ; elles doivent développer, aussi complètement que possible, toutes les facultés intellectuelles du jeune homme, et tendre sans cesse à rendre le jugement prompt et sûr, la mémoire facile et tenace, l'imagination vive et féconde..

“ Tels sont les heureux résultats que détermine nécessairement l'étude des langues anciennes, et soyons bien persuadés que nous tenterions vainement d'en obtenir de pareils, par l'adoption d'autres procédés dans le mode d'enseignement......

....

" Mais c'est surtout lorsqu'arrive le temps d'étudier les auteurs, au point de vue littéraire, que la différence entre les langues anciennes et modernes se fait le plus sentir. La littérature anglaise a bien son mérite, sans doute, mais quel qu'il soit, il n'est pas un homme véritablement instruit, même chez les anglais, qui fasse difficulté de reconnaître qu'elle est de beaucoup inférieure à celles de Rome et d'Athènes. J'irai même plus loin et je dirai que l'étude simultanée de deux langues vivantes ou parlées offre un danger réel, comme l'a fort bien fait remarquer M. Méthot: celui de mettre de la confusion dans les connaissances grammaticales de l'enfant et de le rendre incapable de parler correctement l'une ou l'autre de ces deux langues.—Voudrait-on, par hasard, condamner le jeune homme à balbutier toute sa vie, à ne parler, au bout du compte, ni français ni anglais ! si c'est le but que l'on se propose, je n'ai rien à ajouter, le moyen est des plus efficaces !

" Pris que l'on est de la funeste manie d'innover, on ne trouve pas suffisant de demander que l'étude de l'anglais soit substituée à celle des belles langues d'Homère et de Virgile, on voudrait encore faire étudier dans les colléges la jurisprudence, le droit constitutionnel et consacrer plus de temps à l'étude de l'Histoire et des mathématiques. L'idée un peu originale de faire de la Jurisprudence et du Droit Constitutionnel la matière des études classiques me remet une petite histoire, que vous me permettrez bien, M. le Maire, de vous raconter.—De braves gens, dit-on, allèrent un jour trouver un Pape, leur compatriote, le priant de leur accorder la grâce de faire deux moissons par année : Le Saint Père y consentit bien volontiers et, par surcroit de faveur, il leur dit que dorénavent les années seraient pour eux de vingt quatre mois. Quant à moi je suis tout aussi bien disposé à l'égard de M. Gagné, père de cette idée, que l'était ce pape à l'égard de ses compatriotes. Je lui permettrai, avec le plus grand plaisir du monde, de doubler, de tripler même la matière des études, pourvu qu'il en double ou qu'il en triple la durée..................

....

" Les mathématiques et les sciences naturelles sont un bon exercice pour le jugement lorsqu'il a acquis un certain degré de maturité ; mais pour des intelligences neuves encore, ces sciences sont un exercice trop violent : elles sont délétères, s'il m'est permis d'user d'une semblable expression ;—les savants les plus célèbres en conviennent eux-mêmes...............

....

« En France, vous le savez, lors de la première révolution, l'étude du grec et du latin fut proscrite, comme toutes les autres bonnes choses, et lorsqu'on voulut reconstituer l'enseignement on crut pouvoir remplacer leur étude par celle des sciences. On se flattait alors qu'une pareille innovation allait donner naissance à des prodiges et l'on proclamait bien haut que l'esprit humain était en voie rapide de progrès. Qu'en est-il résulté ? De nouvelles déceptions et rien que cela : aussi le nouveau système ne fut pas longtemps en honneur et l'on fut forcé de revenir à l'étude du grec et du latin..............
......................En 1852 on a encore tenté de faire prédominer l'étude des sciences dans les cours classiques, c'est-à-dire qu'à partir de la quatrième il y avait bifurcation dans les études..... Eh ! bien, aujourd'hui, comme cinquante ans auparavant, on se trouve encore forcé de démolir cet échaffaudage pour revenir à l'étude du grec et du latin.......... Il doit nous suffire de savoir que, dans toute l'Europe, le grec et le latin ont toujours fait la bâse des études classiques......... La vérité doit se trouver dans une adhésion aussi ferme, aussi constante, aussi universelle !

EXTRAITS DU DISCOURS DE M. DELÂGE.

« M. le Maire,

« J'ai écouté avec le plus vif intérêt les raisons qui ont été alleguées contre le rapport ou en sa faveur. Malgré la divergence d'opinions émises par mes honorables confrères sur plusieurs points de la question, il me semble qu'avec un peu de bonne volonté il serait facile de concilier les sentiments des deux partis, et d'arriver à une solution heureuse du problème de l'éducation. Quelques orateurs, dans le but certainement très louable de favoriser les intérêts des classes commerciales, industrielles et agricoles, ont élevé la voix pour demander la suppression entière des langues d'Homère et de Virgile du programme des études, pour n'enseigner que le français, l'anglais, le calcul, etc., etc. D'autres, au contraire, prétendent qu'il faut maintenir l'autocratie des langues grecque et latine, dans le nouvel établissement que nous nous proposons d'ouvrir à la jeunesse.

Je vous avouerai franchement, M. le Maire, que, selon moi, ce serait assumer une grande responsabilité, que de priver les jeunes gens de la connaissance des chefs-d'œuvre littéraires et philosophiques que nous a légués l'antiquité, bien plus ce serait frapper de mort l'avenir d'une foule d'élèves en leur fermant les professions libérales, la carrière des lettres, des sciences, qui exigent plus que jamais une connaissance assez étendue des idiomes grec et latin. Au reste, sans m'attacher à de longues considérations, je dirai avec M. Pelletier, qu'on remplacerait difficilement ces deux langues, comme moyen de développer les facultés intellectuelles de l'enfance.

D'un autre côté, j'admets complètement que prendre pour point de départ, l'étude simultanée du grec, du latin et du français et quelquefois de l'anglais, c'est paralyser, sans espoir de retour, ce mouvement qui se manifeste dans les rangs de nos populations industrielles, commerciales et agricoles qui, de jour en jour, comprennent l'importance ou, pour mieux dire, la nécessité de l'instruction. Dans plusieurs institutions, on s'attache, d'une manière toute spéciale, à saturer l'intelligence de la jeunesse de grec et de latin, sans songer qu'on diminue, par là même, la valeur d'autres études de première nécessité, et qu'on ne favorise que les intérêts du petit nombre. C'est un malheur certainement très grave, et qu'il faut prévenir pour le collége dont nous nous occupons. Tous les amis de l'éducation regrettent amèrement que ce système d'études ne soit pas détruit et remplacé par un autre, plus en harmonie avec la nature et les besoins de notre société canadienne.................

....

C'est un fait bien établi que la majorité des jeunes gens qui fréquentent nos colléges en sort après les premières classes. N'est-il pas juste que celles-ci soient organisées en vue de leur accorder à tous une somme de connaissances d'une utilité pratique? Eh bien, renvoyons le latin et le grec aux dernières années du cours d'études et consacrons les premières à l'étude du français, de l'anglais et à l'acquisition d'autres connaissances utiles...

Je désirerais donc que le conseil prît quelque chose aux opinions émises par les adversaires et les défenseurs du rapport, et qu'on adoptât un plan d'études, déjà suivi avec succès dans certains établissements d'éducation. Ce programme a sur les autres l'immense avantage d'être en harmonie parfaite avec les intérêts et les ressources de nos populations. Il se partage en deux parties principales. La première, qui se compose de trois ou quatre années, a pour objet l'étude unique et spéciale du français, de l'anglais, de l'histoire, de la géographie, etc. La seconde, embrassant un ensemble de connaissances plus étendu et plus varié, renferme une période de six années, divisée en trois égales sections, consacrées à l'étude des langues mortes, des belles-lettres, de l'éloquence, de la philosophie et des sciences physiques.—Dans la première partie on donne à l'enfant des notions préliminaires sur la langue française, on lui en fait connaître le mécanisme et les lois, de manière qu'il le puisse écrire et parler avec facilité. Il importe beaucoup pour le maintien et l'honneur de notre nationalité que les lois de cette belle langue soient respectées de tout le monde, mais surtout de la jeunesse instruite. Si dans notre pays la connaissance du français est indispensable, il est une autre langue dont l'acquisition n'est pas sans importance, c'est celle de l'anglais. L'obligation d'étudier l'anglais a été si bien démontré par M. Laliberté qu'il serait parfaitement inutile d'ajouter quelque chose à ses éloquentes paroles. Seulement je regrette, de lui faire observer que l'on ne doit pas étudier l'anglais au détriment de sa langue nationale, et que deux ans, au plus, suffisent à l'élève pour qu'il puisse reproduire avec facilité sa pensée dans cet idiome. Dans cette même période d'études on donne à l'élève des connaissances sur l'histoire générale et en particulier sur l'histoire du pays qui l'a vu naître. En formant son intelligence, on lui donne l'expérience du siècle et on le prépare à des études plus propres à donner à son esprit de l'étendue et à murir son jugement.

« Après ces quatre années, l'élève que ses talents, sa fortune n'appellent pas à continuer ses études, peut sortir du collége et devenir un citoyen utile dans le commerce, l'industrie et dans l'agriculture. Comme c'est la majorité des élèves qui, pour mille raisons dont l'énumération serait trop longue, terminent le cours de leur instruction après 2, 3 ou 4 ans,—en organisant les classes de cette manière, il en résultera un grand avantage pour eux et aucun inconvénient pour ceux qui se destinent au sacerdoce et aux professions libérales. Tout le mal qui en revient à ces derniers c'est d'avoir acquis ces connaissances un peu plus tôt, ce qui n'est pas fort dangereux.

« Dans les classes suivantes, les élèves s'appliquent à l'étude exclusive du grec et du latin. Comme la raison des élèves est passablement développée alors, ces deux langues peuvent s'apprendre facilement en deux ou trois ans, de manière que, rendus en seconde, les élèves seraient à peu près de la force ordinaire, sur toutes les matières qui constituent un cours d'humanité......................

« Le programme que j'ai l'honneur de vous proposer réunit tous ces avantages, et je suis intimement convaincu qu'il est le seul qui puisse être appliqué avec succès en Canada. Favorisant les classes commerciales, industrielles et agricoles auxquelles il fournit une multitude de citoyens éclairés, il peut également donner au sacerdoce, à la science médicale, à la tribune politique, au barreau, des sujets habiles, des membres illustres, des orateurs distingués :—c'est ainsi qu'on parviendrait à développer, dans tous les degrés de l'échelle sociale, les principes larges et féconds d'une éducation solide, et à former des citoyens vertueux, utiles à la patrie et fidèles au drapeau de la foi catholique. ”

EXTRAITS DU DISCOURS DE M. DOHERTY.

“ Je vous avouerai sans détour, M. le Maire, que je ne suis point du tout pour le tempérament que propose M. Delâge. Il est vrai que le plan d'études qu'il suggère est en usage dans certains établissements, et que l'on paraît en être content ; car on peut avoir de très bonnes raisons pour lui donner la préférence. Mais je ne vois pas pourquoi nous suivrions quelques exemples isolés, plutôt que de nous en rapporter à l'expérience de la plupart des colléges de ce pays et d'ailleurs : Or, il vous a été démontré que le plan d'études proposé par le comité est à peu près celui que l'ont suit dans toute l'Europe, j'ajouterai même dans les Etats-Unis.

“ On a fait mine de vouloir donner à cet avancé un démenti formel, et de nous assurer que dans ce dernier pays le cours d'étude n'est que de quatre ou cinq ans ; mais on oublie, probablement par distraction, que l'on ne reçoit dans les colléges que des élèves qui ont vu autant de latin et de grec que les élèves de troisième ou de seconde dans les nôtres, et que c'est dans les Académies, les “ High-Schools,” et autres établissements semblables qu'ils font ce que nous appelons les classes de grammaire. Si l'on est taut soit peu enclin au sceptecisme sur ce point, on pourra consulter les annuaires ou catalogues que publient chaque années les colléges de Yale, de Cambridge et autres.

Quant à moi, sans tenir trop compte des autorités, je vais examiner le plan d'études que suggère lui-même M. Delâge.

“ Au moins, nous dit-il, renvoyez l'étude du grec et du latin aux dernières années des humanités.”—M. le Maire, ceci n'est qu'une fausse attaque et veut dire au fond que l'on doit abolir entièrement l'étude de ces deux langues. En effet, l'on a dit et redit, et c'est une chose admise par toutes les personnes entendues, que le principal avantage de l'étude du grec et du latin, c'est de développer l'intelligence des jeunes gens.

....

“ Mais, persistera-t-on à dire, une foule d'enfants sortent du collége avant d'avoir terminé leurs études, et c'est pour ceux-là que le plan préconisé par M. Delâge est préférable à tout autre.” Fort bien, mais j'ai la conviction que lorsqu'on a d'abord fondé des établissements d'éducation, établi des collèges et organisé des cours d'études, tout cela se faisait pour le plus grand avantage de ceux qui devaient faire des études, et non pas pour favoriser ceux qui n'en feront pas. Beaucoup de jeunes gens sortent dans les basses classes ; c'est vrai, mais si ce n'est pas un cours d'études classiques qu'ils viennent chercher au collége, qu'y viennent-ils faire ? S'ils ne veulent que des connaissances qui s'acquièrent à l'école ; grands dieux ! que ne vont-ils à l'école ? Je ne vois que trois motifs pour faire abandonner aux jeunes gens un cours d'étude commencé : Ou les ressources pécuniaires ne suffisent pas aux parents pour subvenir à leurs dépenses, ou ils manquent eux-mêmes de talents, ou enfin il se retirent par inconstance.

“ Est-ce donc que les parents ne peuvent pas savoir, avant l'entrée de leurs enfants au collége, ce qui leur en coûtera pour les y tenir ? Est-ce que les enfants n'ont pas eu occasion de montrer dans les écoles s'ils ont des talents, ou s'ils en sont dépourvus ? Quant à l'inconstance, c'est aux parents à y remédier, et ceux qui permettent à leurs enfants une démarche aussi importante que celle de sortir du collége, sans autre motif que la légèreté ou l'inconstance du jeune âge, sont certainement très répréhensibles ; ils n'ont pas droit de prétendre à ce que l'on sacrifie les intérêts de ceux qui font des études pour porter un bien faible remède à un mal qu'ils pourraient eux-mêmes guérir radicalement.

“ On a demandé dans cette discussion des études courtes. Eh ! bien, moi aussi, je voterais pour des études courtes. Il est tard, je le sais, à 22 ou à 23 ans, pour commencer les études spéciales dont on a besoin dans la carrière qu'on doit embrasser ; mais à qui doit-on en attribuer la faute, M. le Maire, si ce n'est à notre siècle de progrès, où, comme le dit un plaisant, on voit tourner non seulement la tête des hommes, mais encore des tables d'acajou. Autrefois, en effet, les études étaient très courtes ; mais autrefois aussi on n'exigeait pas qu'un collégien fut une encyclopédie vivante, et il lui était très permis d'ignorer une foule de choses qui, maintenant, passent pour essentielles auprès du beau monde. Actuellement on demande à grands cris des études courtes, quatre ans, cinq ans au plus, c'est tout le temps qu'on peut donner ; et cependant quelles sont les connaissances qu'on exige d'un jeune homme au sortir du collége ? Voici en peu de mots cette formidable nomenclature.

“ Il faut qu'il soit en état de parler et d'écrire correctement le français et l'anglais, qu'il possède non seulement les mathématiques proprement dites, mais encore la tenue des livres en partie simple et en partie double, qu'il sache l'histoire générale, et la géographie de tous les temps et de tous les lieux, que non seulement il ait suivi un cours de philosophie, mais qu'il connaisse toute l'histoire et toutes les aberrations de cette science, c'est-à-dire tous les systèmes plus ou moins absurdes qui ont jamais pris naissance dans l'imagination de ceux qui se donnent modestement le nom de philosophes. Ce n'est pas tout ; il faut qu'il ait étudié la chimie, la physique, l'astronomie, la minérologie, la géologie, la zoologie et Dieu sait combien d'autres *logies* ainsi que la botanique : il faut qu'il sache la musique, et qu'il puisse jouer au moins un instrument sinon deux ou trois, qu'il ait appris le dessin linéaire, qu'il ait consacré au moins une heure chaque jour à la la lecture des journaux :—Ah ! par exemple, s'il n'était pas au fait de la politique ! et puis selon M. Delâge il faut que tout cela soit approfondi : et si l'on veut s'en tenir tant soit peu à l'expérience et saupoudrer tout cela d'un peu de grec et de latin, le moyen, je vous le demande de faire des études courtes, et, si l'on en fait, le bel état dans lequel on aura mis toutes ces jeunes têtes pour les renvoyer ensuite dans le sein de leurs pauvres familles ! Il n'en était pas ainsi autrefois ; les études étaient courtes, parce qu'elles consistaient simplement à developper les intelligences et à n'y mettre que des connaissances que tout homme instruit doit absolument posséder, puis, les études une fois terminées, on se livrait aux spécialités. C'est alors seulement qu'on étudiait les sciences mathématiques, et physiques, l'histoire, les langues étrangères, les beaux arts, le commerce etc. Alors il y avait du temps pour tout ; car, il serait peut-être à propos de vous rappeler que dans ces bons vieux temps chaque individu ne se croyait pas appelé à étudier toutes ces matières et, par une conséquence fort naturelle, la *gente* des demi-savants était beaucoup moins en vogue. Aujourd'hui, dans ce siècle de lumières et de progrès, on ne tient plus aucun compte des aptitudes, il faut que chacun ait étudié tout ce qui peut s'enseigner, (encore y a-t-il de ces Alexandre-ès sciences qui trouvent la sphère trop étroite) et l'instruction la plus appréciée est celle dont le programme est le plus étendu :—C'est à un tel point que celui d'une simple école primaire ressemble beaucoup à celui de l'école Polytechnique en France ; c'est une étude que de voir ce qui se passe à la réception d'un élève dans quelques uns de ces établissements.—Les parents se décident un jour à se séparer de leur enfant et le conduisent à l'école, où l'homme universel leur explique en langage qu'ils ne comprennent que par endroits tout ce qu'il se propose d'enseigner à son nouveau sujet. Ils se pâment de joie, ces bons parents, en lisant plusieures pages de noms baroques, à l'origine plus ou moins grecque, que M. le Professeur leur a remis sous le titre de programme de son école. Qu'arrive-t-il ensuite? Après un certain nombre d'années, l'enfant revient, et ses parents croient bonnement qu'il n'est ni plus ni moins qu'un grand savant et sa mère assure, en confidence, à une voisine qu'il parle grec et qu'il sait la philosophie. Mais le plus triste c'est que l'enfant se persuade enfin qu'il sait tout ; sous un maître si habile il a fait tant de progrès qu'il ne sait plus distinguer entre ignorer et savoir les choses. Qu'on ne croie pas que je veuille faire ici un badinage ; la chose est trop sérieuse. Oui, le mal, le grand mal de notre éducation, c'est la multiplicité des matières qu'elles doit embrasser. Et quelle en est la conséquence ? C'est que le plus souvent, les intelligences communes, au lieu de se développer, s'affaissent et deviennent incapables de tout exercice sérieux. On veut, par exemple, de l'histoire générale en quantité et l'on n'a jamais remarqué que quatre ans de travail suffiraient à peine pour donner à un jeune homme une connaissance assez superficielle de l'histoire générale. Il en est de même de toutes les exigences du public par rapport aux études. Voulez-vous donc que les études soient moins longues? Que dis-je ? Consentez à ce qu'ils sachent quelque chose, car c'est précisément le moyen qu'ils ne sachent rien que d'entreprendre de tout leur enseigner. Le résultat, c'est que les études sont manquées et que ce premier défaut en entraine un autre plus déplorable encore :—habitués à tout effleurer sans jamais ne rien approfondir, les jeunes gens étudient le droit, la médecine, la théologie et tout le reste comme ils ont étudié leur matières de classe.

C'est pour éloigner un tel résultat que la majorité du comité a proposé neuf années d'études ; mais elle consentirait, de grand cœur, à réduire les études classiques à la longueur qu'elles avaient généralement au XVIIème siècle, si l'on voulait se borner au programme qui était alors en usage. Ce programme était fort simple ; les études classiques et littéraires ne duraient guère que 5 ou 6 ans, et elles étaient terminées le plus souvent à 15 ans. Le jeune homme choisissait ensuite parmi les études spéciales, celles qui étaient les plus propres à l'état auquel il était destiné, et il lui restait 8 ou 10 ans pour se préparer exclusivement à la carrière qu'il devait embrasser. On a beaucoup crié contre ce cours d'études, c'est pourtant celui qui forma Bossuet, Fénélon, Descartes, Pascal, Racine et enfin tous les grands hommes du grand siècle. Depuis ce temps on a cru beaucoup améliorer les études, on y a apporté des changements importants, fondés pour la plupart sur les idées de progrès : il vous sera facile, M. le Maire, de comparer les résultats, et il me suffira de dire, en terminant, que, depuis cette prétendue réforme, les Bossuet et les Pascal sont, pour ne rien dire de plus, devenus fort rares.

La question de l'adoption du Rapport du Comité ayant été mise aux voix, votèrent

Pour l'adoption : MM. Pelletier, Méthot, Doherty, Lepage et Cinq-Mars.—5.

Contre l'adoption : MM. Leclerc, Chabot, Gagné, Delâge et Laliberté.—5.

Les votes de chaque côté étant égaux, M. Paquet, le Maire, tenu de donner le vote prépondérant, prit la parole :

" Messieurs,

" Le partage égal de vos votes fait peser sur moi une bien grande responsabilité, puisque de ce vote va dépendre la décision de l'importante question qui nous occupe. Je regrette que la balance ait besoin de ma voix pour pencher d'un côté ; mais puisqu'il ne m'est plus permis de rester sur le terrain de la neutralité, je vous dois, à vous, MM., je me dois à moi-même, d'exposer les raisons qui me déterminent à embrasser l'opinion de l'un des deux partis de ce conseil.

Ils sont nombreux, MM., ceux qui désirent l'éducation de la jeunesse ; mais que de motifs divers nourrissent ce désir ! que d'intentions variées l'on se propose en le réalisant ! Il en est qui encouragent de toutes leurs forces cette éducation, parce qu'ils la regardent comme un des plus puissants moyens de moraliser un peuple. Suivant eux, elle serait la condition indispensable du progrès moral aussi bien qu'intellectuel.— L'instruction du plus grand nombre !— telle est donc leur devise ;—la multiplication des colléges,—voilà ce qu'ils appellent de leurs vœux les plus ardents.

Erreur, Messieurs ! Ce n'est pas que je veuille contester ici l'importance de l'éducation ; mes paroles, dans ce cas, mériteraient à bon droit la réprobation de ce conseil tout entier ! Mais tout en admettant avec vous que l'éducation est une bonne et excellente chose, je ne me fais pas illusion sur les périls et les abus qui l'accompagnent et qui en cela l'associent au sort des meilleures choses du monde. Je n'ai pas besoin de dire qu'en parlant de la sorte, je ne m'attaque pas du tout à l'éducation élémentaire ; celle là ne peut avoir, surtout dans notre pays, que des dangers très rares, tandis qu'elle offre des avantages réels et nombreux. Mais il n'en est pas ainsi de l'éducation supérieure, surtout de celle qui, sans s'occuper de la culture du cœur, s'applique à développer l'intelligence et à enrichir l'esprit : elle doit être, cette dernière, distribuée avec mesure et discernement, et il est plus important que certaines personnes ne l'imaginent, peut-être, de faire présider à cette distribution un esprit de sagesse et de prévoyance. Il ne faut pas croire que tous les individus soient susceptibles de recevoir cette éducation, et quand ce serait réellement le cas, la société elle-même n'aurait rien à gagner (tant s'en faut) à ce que tous la reçussent.

Oui, MM. ceux-là s'abusent gravement qui considèrent l'éducation comme une panacée propre à guérir une grande partie des plaies de la société, ou comme une barrière infranchissable aux passions qui, d'ordinaire, menaçent ou compromettent la tranquillité d'un état. Vous savez, tous MM. combien elle peut devenir funeste à un pays, combien de maux et de désordres elle peut entraîner après elle. Vous savez tous qu'elle crée des besoins et des désirs qui doivent être satisfaits ou faire des mécontents, que loin d'être un frein aux passions elle en développe plusieurs qui, sans elle, peut-être, seraient toujours restées à l'état de germes,—et suggère pour satisfaire celles qui sont déjà développées, des moyens plus sûrs et plus abondants. Au reste, MM. l'expérience, comme la simple observation, font voir que dans tous les pays, la partie instruite de la société fournit bien sa part de criminels. Et cependant, combien cette partie instruite n'est-elle pas plus habile à éluder l'action des tribunaux, quelque activité, quelque vigilance qu'on leur suppose ? Combien n'est-elle pas plus habile à surprendre la bonne foi, à donner au mensonge et à la ruse les couleurs de la vérité et de la droiture, à tendre des pièges trompeurs où donnent tête baissée l'ignorance et l'imprévoyance ? Triste vérité que celle-ci, MM. Mais, s'il en est ainsi, ne peut-on pas dire, comme une conséquence qui ne souffre plus de contestation, que la partie instruite renferme proportionnellement plus de coupables inconnus que la partie ignorante de la société.

La connaissance seule de ce que je viens de dire disposera, je l'espère, M. Delâge à me pardonner facilement si je ne regrette pas avec lui qu'un grand nombre de jeunes gens sortent de nos colléges dans les basses classes. C'est à mon sens, un malheur qui porte avec lui de grandes consolations et qui ne mérite pas de faire verser une seule larme. Sérieusement, MM. où en serions nous si tous ceux qui entrent dans nos collèges en sortaient après avoir terminé leurs cours d'études? A l'heure qu'il est on ne compte pas moins de 1700 élèves dans nos collèges classiques. Si tous persévéraient jusqu'à la fin de leurs études, on en compterait au moins 3,500 à 4,000. Comme le cours d'études est en moyenne de 8 ans, il suit de là que 5 à 600 jeunes gens sortiraient chaque année de nos collèges. Qu'en feriez-vous, MM.? Où trouveriez-vous des places pour tout ce monde? Assurément ce ne serait ni dans le clergé, ni dans la magistrature, ni dans aucune des professions libérales. Pour s'en convaincre il suffit de jeter un coup d'œil sur l'état actuel des professions libérales. Presque partout il y a encombrement et encombrement tel que le nombre, comparativement très-petit, de jeunes gens qui sort chaque année de nos collèges, ne peut plus trouver à se caser et se plaint amèrement que toutes les places sont prises. Et puisque notre jeunesse instruite, dans les circonstances actuelles, rencontre déjà tant de difficultés pour parvenir à se créer une situation qui réponde en même temps et à ses bésoins et à ses goûts, où en serions-nous encore une fois, où en serait la société, si vous grossissiez ses rangs supérieurs dans des proportions aussi effrayantes que celles dont je viens de parler.

On me dira peut-être : Pourquoi ces jeunes gens ne retournent-ils pas à l'agriculture ou aux arts mécaniques? Pourquoi ne vont-ils pas continuer l'honorable métier de leurs pères? Voilà surtout ce qui manque à notre pays, voilà ce qui ferait sa force et sa puissance:—ce qu'il nous faut ce sont des agriculteurs et des ouvriers instruits.—J'avouerai, MM. qu'en théorie c'est une idée très-belle ; mais il y a loin, en cette matière, de la théorie à la pratique..........................

....

Je ne verrais encore là qu'un demi-mal, si ce nombre de jeunes gens, sans emploi, était peu considérable. Mais si l'éducation se répand avec profusion ; oh ! alors gare à la société ! Un jeune homme instruit qui se voit tout-à-coup déçu dans ses plus chères espérances, qui ne trouve que misère et déboirs là où il avait rêvé bonheur, richesses et honneurs, est naturellement porté à croire que l'état de la société dans laquelle il vit n'est pas ce qu'il devrait être. De bonne foi même, il aspire après des changements où il espère rencontrer la réalisation de cette félicité idéale, dont il a longtemps nourri son ardente imagination. Car lorsque l'intérêt est au fond de la cause que l'on embrasse, on se persuade facilement, surtout à cet âge, qu'elle est bonne et légitime.

J'ai bien voulu supposer ici la droiture et la bonne foi dans les intentions. Il est cependant bien certain que, parmi ces jeunes gens instruits, il s'en trouverait plusieurs dont les motifs seraient loin d'être aussi purs. Or si les premiers sont déjà redoutables à la société, combien ceux-ci ne le sont-ils pas davantage ? Il y aurait donc pour elle, dans cet amas de gens instruits et forcément oisifs, une source tristement féconde de troubles et de bouleversements sociaux.

Il serait inutile d'en dire davantage pour faire voir combien est mal fondée l'opinion de cette première classe d'amis de l'éducation. Il est évidemment démontré que l'idée qu'elle se forme de l'éducation et de ses résultats est une idée fausse et dangereuse. Malheureusement, MM. cette classe n'est pas la seule qui envisage l'éducation d'un mauvais point de vue. Il en est une autre plus nombreuse encore et dont les idées conduisent à des résultats non moins sérieux. Elle se compose de ceux qui considèrent l'éducation comme un moyen de parvenir aux jouissances de la vie et de s'élever jusqu'au faite de la fortune. Cette classe présente plusieurs nuances ; mais il est facile de voir qu'au fond de ses idées se trouve toujours l'estime presque exclusive des biens matériels. Un commerce immense, une industrie très étendue, voilà, suivant elle, ce qui constitue le suprême bonheur d'un pays. Il ne faut donc pas demander quel sort ces personnes réservent au grec et au latin. Comme il n'est pas encore clairement prouvé que le grec et le latin soient une source féconde de profits pécuniaires, elle les rayent tout simplement de leur programme d'études. Car, à leurs yeux, l'éducation d'un jeune homme n'est autre chose que le placement d'une somme d'argent, et ce placement sera d'autant meilleur qu'il rapportera plus et plus vite.

Inutile de dire, MM. que je n'appartiens pas non plus à cette seconde classe d'amis de l'éducation. Pour moi,—comme la plupart d'entre vous, — je pense que l'intelligence a, par elle-même, une valeur réelle et infiniment précieuse, qui ne s'estime point par le nombre de pinstres qu'elle peut produire. Je ne suis pas l'ennemi des richesses ; mais jamais je ne consentirai à ce qu'on leur subordonne la plus belle, la plus noble faculté de l'homme, celle qui le constitue le roi de l'Univers tout entier et le met en communication avec l'Etre suprême. L'intelligence, loin que sa destination soit d'être l'esclave des sens, n'a-t-elle pas été donnée à l'homme pour leur commander et en être obéie ?

Au reste, examinons un peu quel serait le résultat du zèle des personnes dont il est ici question. En serait-on venu à croire en vérité que le commerce sera nécessairement prospère par cela seul qu'on lui aura formé des centaines et des milliers de commis? mais, à l'heure qu'il est, le commerce est si limité qu'il ne peut plus suffire à ceux qui voudraient s'y engager; quel motif raisonnable aurions-nous donc d'augmenter encore le nombre déjà trop grand de ceux qui s'y destinent.

On veut encore de l'industrie. Très-bien. Mais n'allons pas nous imaginer qu'il suffit pour créer ou étendre à son gré l'industrie, de modifier le programme des études. Serait-ce par hasard en reconnaissant ou en changeant certaines parties de ce programme que nous ferons affluer les capitaux nécessaires, que nous procurerons les débouchés suffisants pour les produits de l'industrie? Calmons-nous sur ce point, Messieurs, lorsque toutes les autres conditions indispensables pour la prospérité du commerce et de l'industrie existeront, l'éducation convenable ne fera pas défaut.

D'ailleurs, est-il bien vrai, est-il bien attesté que le bonheur d'un pays dépend presque uniquement du développement de l'industrie et de l'étendue du commerce? je crois qu'il est au moins permis d'en douter. Que faut-il entendre d'abord par le bonheur d'un pays? C'est sans aucun doute le bonheur général, ou si l'on veut le bonheur du plus grand nombre. Or, je vous le demande, MM. est-ce bien là ce que produisent le commerce et l'industrie dans leur plus grand développement? J'en appelle à ceux qui ont parcouru l'Europe, à ceux surtout qui ont visité l'Angleterre. La misère la plus extrême et le dénouement le plus complet ne se trouvent-ils pas précisément a côté des fortunes colossales de quelques particuliers, enrichis au moyen du commerce? Mais c'est à l'industrie surtout, oui à cette industrie qu'on ne cesse de prôner parmi nous, c'est à elle que sont dus les plus affreux résultats. J'ose l'affirmer, MM. l'industrie fait peser sur le peuple en Europe un esclavage plus dur que celui des temps les plus barbares. Si l'on craint d'ajouter foi à mes paroles, que l'on aille voir ce qui se passe à Manchester, à Birmingham, dans certains quartiers de Londres, à Lille, et en général dans tous les grands centres industriels de l'Europe. Que l'on pénètre dans ces immenses établissements, dans ces manufactures, où travaillent sans relâche et à vils prix, des milliers d'ouvriers et des milliers d'ouvrières, ou de pauvres enfants, arrachés sans pitié à ces jeux innocents si nécessaires à leur âge, s'étiolent pour ainsi dire, perdent leur vigueur et sont vieux à quinze ans. Ah! le commerce et l'industrie c'est là tout, pour ceux qui placent le bonheur d'un pays dans l'accumulation des capitaux. Mais ils ne réfléchissent pas que les capitalistes ne forment jamais la centième partie, pas la millième partie même de la population, et que, pour la classe pauvre, l'existence de ces capitaux entassés n'a souvent d'autre effet que d'augmenter le prix des choses indispensables à la vie. Le commerce et l'industrie sont nécessaires, je ne l'ignore pas ; mais ce que je n'ignore pas non plus, ce que je regarde comme surabondamment prouvé par l'expérience, c'est que l'industrie et le commerce, portés au delà de certaines limites, peuvent devenir et, de fait, deviennent souvent pour les peuples des fléaux plutôt que des bienfaits.

" C'est donc encore une erreur que de croire que le commerce et l'industrie contribuent aussi puissamment à rendre un pays heureux. C'est aussi une erreur de s'imaginer que le moyen de créer ou de développer le commerce et l'industrie est de faire instruire tout le monde. Ceux qui pensent ainsi n'envisagent pas l'éducation à son véritable point de vue. Quels sont donc enfin les amis éclairés de l'éducation ? Vous allez le voir, MM. Ils forment une troisième classe, la seule raisonnable à mon avis, et à laquelle je me fais gloire d'appartenir. Cette troisième classe veut aussi l'éducation de la jeunesse, mais à divers degrés, suivant la capacité des individus et les besoins de la société. Elle veut l'éducation élémentaire pour tout le monde, parce que tout le monde, les idiots exceptés, en est capable, du moins dans quelque mesure ; parce qu'elle est vraiment avantageuse à tout le monde et qu'elle ne peut avoir de facheux résultats pour personne. Elle veut encore l'éducation intermédiaire, ou moyenne, pour ceux qui se destinent à quelque état qui la requiert, pour le commerçant, pour l'industriel, pour le cultivateur aisé. Elle évite cependant d'en faire abus ; car elle regarde comme un abus cette profusion exagérée de l'éducation intermédiaire qui souvent à pour effet de déclasser la jeunesse, de la dégoûter de l'emploi laborieux mais utile de ses parents, pour la rendre oisive et à charge à la société. Il y a toutefois un moyen d'obvier à ce grave inconvénient. Ce serait d'établir dans ces institutions, du moins lorsqu'elles sont situées à la campagne, un enseignement agricole et une ferme suffisante pour que les élèves pussent se livrer à la pratique de l'agriculture en même temps qu'ils en étudieraient la théorie. Une éducation ainsi organisée, loin de nuire à l'agriculture, en lui enlevant des bras et les meilleurs intelligences, lui serait au contraire très-utile, en lui fournissant des jeunes gens habiles, pleins d'ardeur et en état de mettre à profit les leçons qu'ils auraient reçues. Quand donc nos compatriotes comprendront-ils enfin que c'est moins dans le développement du commerce et de l'industrie que dans celui de l'agriculture qu'ils doivent chercher leur bonheur et le bonheur de la patrie. Quand donc comprendront-ils que, dans un pays surtout où il ne manque certainement pas de terres à ouvrir, l'état d'agriculteur est infiniment préférable à celui d'artisan, quel qu'il soit. Oh ! s'il m'était permis de faire voir ici quelle immense différence il y a entre la situation du premier et celle du second, combien celui-là est heureux, libre et indépendant, tandisque l'autre mène une vie précaire et pleine d'incertitudes, on peut dire même, une véritable vie d'esclavage.

« Mais continuons. Quant à l'éducation supérieure, cette troisième classe n'entend pas la prodiguer, mais la donner à un nombre restreint, et surtout la donner bonne. Persuadé que la marche d'une société dépend de ceux qui en occupent les rangs supérieurs, elle veut que les premières places soient remplies par des hommes éminemment capables, par des hommes qui puissent l'appuyer dans tous leurs actes sur des principes sûrs et inébranlables. Tous nos législateurs, les magistrats de tous les degrés, tous ceux qui peuvent être appelés à prendre part au gouvernement de l'état, tous les membres des professions libérales, tous les hommes de fortune ou qui occupent dans la société une position distinguée, devraient, suivant elle, avoir reçu cette éducation supérieure, car c'est d'eux, encore une fois, c'est presque d'eux seuls que dépend l'état de la société ; ce sont eux qui doivent la diriger ; plus ils seront éclairés, mieux ils pourront s'acquitter des importantes fonctions qui leur sont confiées.

Il ne faut pas nous y tromper, Messieurs, chez les peuples anciens qui font aujourd'hui notre admiration, et sous le rapport du gouvernement, et sous le rapport des sciences et des arts, l'éducation intermédiaire et même élémentaire, n'était pas si répandue que chez nous ; mais l'éducation supérieure était forte. Les hommes n'étaient pas mûrs à vingt ans. A Rome et dans certaines villes célèbres de la Grèce, les intelligences supérieures elles-mêmes se préparaient aux carrières publiques par des études très longues et très sérieuses.

Mais on dit :—La fortune manque souvent, et, pour beaucoup de jeunes gens, il faut arriver vite ou n'arriver pas du tout :—cela est vrai ; mais c'est précisément pour cela que je voudrais qu'avec moins de zèle, pour multiplier les établissements d'éducation classique, on en eût plus pour mettre ceux qui existent en état de donner une éducation gratuite aux jeunes gens dont les talents et le caractère promettent à la patrie d'importants services. Bien plus, je voudrais même que le jeune homme de talents supérieurs eût toujours les moyens de se préparer convenablement à l'état qu'il veut embrasser.

Après ce que je viens de dire, MM., mon vote ne peut guères être douteux. Si nous étions le conseil municipal d'une paroisse de nos campagnes, je déclarerais sans hésitation qu'il faut employer le legs qui nous a été fait à l'établissement d'un collége dit industriel si l'on voulait, quoique agricole dans la réalité. Mais ce legs a été fait à une ville populeuse qui n'a point de collége et qui voit actuellement bon nombre de ses jeunes gens aller chercher ailleurs une éducation dont ils ont vraiment besoin. Dans ces circonstances, c'est un collége classique qu'il nous faut ; nous pourvoirons autrement à l'éducation moyenne industrielle de ceux qui en ont besoin. Et si c'est un collége classique qu'il nous faut, il doit l'être de fait comme de nom. Or, il ne le sera de fait qu'autant que nous nous appuirons, pour l'organiser, sur les méthodes reconnues les seules bonnes par l'expérience des peuples les plus éclairés. En vérité, MM. y a-t-il ombre de raison à rejeter, avec dédain, les systèmes qu'une expérience de plusieurs siècles, jointe à l'opinion bien formelle des personnes les plus compétentes en cette matière, a confirmés de la manière la plus évidente, pour s'attacher à des méthodes nouvelles en usage dans certains établissements qui ne datent que de quelques années. N'y aurait-il pas témérité et très grande témérité à préférer le sentiment vague et pour le moins sans fondement de quelques utopistes à l'opinion et à l'expérience générale de tous les temps, de tous les pays, de tous les peuples civilisés ?

Prenons y garde, MM. S'il fut jamais une question importante, c'est sans contredit celle qui se débat aujourd'hui dans ce conseil. Oui, MM. prenons y garde et défions-nous de cette manie d'innovation et de réforme qui semble s'emparer de tous les esprits. Il n'en est pas des expériences dans l'ordre moral comme dans l'ordre physique. Dans l'ordre physique une cause n'est pas plutôt posée qu'on peut presque immédiatement en apercevoir les effets, en peser les conséquences, en calculer les résultats. Dans l'ordre moral, au contraire, les effets sont ordinairement très-lents, et ce n'est souvent que lorsque le remède est impossible ou, du moins, très difficile qu'on peut les apercevoir clairement.

Tenons-nous en donc, MM. à l'ancien système, à celui qu'ont employé et qu'emploient encore les peuples les plus renommés ; encore une fois fondons un collége classique, un collége fort, un collége propre à fournir à la patrie des hommes aussi sages qu'éclairés. Mais n'oublions pas, ah ! surtout, n'oublions pas que ce collége ne sera utile à la société qu'autant que la culture du cœur y marchera de pair avec celle de l'esprit. Il n'est que trop vrai MM ; la dépravation la corruption du cœur, voilà l'origine de la plupart des maux qui affligent l'humanité. Il est donc important que cette partie ne soit pas négligée..........or cette culture du cœur devra être l'œuvre de la religion :—dans notre collége agissons donc ainsi, MM. faisons accompagner dans notre collége les enseignements de la justice des enseignements plus sublimes de la religion : —en ce faisant nous aurons rempli pleinement, je l'espère, les sérieuses obligations que nous a imposées l'honorable auteur du legs, en se reposant sur nous du soin de choisir le meilleur plan d'éducation à suivre. "

Je vote donc pour l'adoption des 6ème et 7ème paragraphes du rapport du comité.

V.

A L'ÉGLISE.

Jeudi le 16 juin, second jour de la fête et jour de l'anniversaire fêté, les exercices furent précédés d'une messe solennelle, célébrée dans l'église de Québec.

L'intérieur si imposant de notre cathédrale, qui est en même temps l'église métropolitaine de la Province ecclésiastique de Québec, était paré des plus beaux ornements de ses fêtes et remplie d'un clergé nombreux et de la foule des fidèles accourue pour remercier Dieu des grâces signalées qu'il n'a cessé d'accorder à notre pays, en lui offrant, avec le ministre de ses autels, la victime sainte dont les mérites suppléent à notre indignité, soit qu'il s'agisse de remercier le Très-Haut ou de lui demander de nouvelles faveurs.

C'est Monseigneur Horan, Evêque de Kingston, élève du Séminaire de Québec et ci-devant membre de cette belle institution, qui officiait. N'oublions pas de dire que les religieuses non cloîtrées de nos couvents étaient venu joindre leurs suaves prières à celles du peuple.

Le bel intérieur, si connu et si admiré, de notre cathédrale était décoré d'insignes et de drapeaux. Au-dessus de la tête de la Vierge du tableau de l'Immaculée Conception qui orne le maître-hôtel, brillait une gloire ardente, illuminée par le gaz et, au-dessus du tableau, une inscription dessinée en langues de feu portait les mots, *Regina sine labe concepta.* Parmi les insignes on remarquait les drapeaux de la Société Saint Jean-Baptiste et deux panneaux, représentant l'écu de la maison de Montmorency-Laval qui porte d'or, à la croix de

(Le paragraphe suivant a été omis, dans la hâte du travail d'impression de cette brochure : il doit être placé à la fin du chapitre V.)

Pendant les premières oraisons de la Messe, une simple scène,—mais grande et touchante—avait lieu dans le bas de l'Eglise. Un prêtre baptisait un petit enfant : c'était comme une offrande, faite à Dieu et à l'Eglise, des enfants de la nationalité canadienne-française, dans la personne du premier-né de ce glorieux anniversaire.

gueules, chargée de cinq coquilles d'argent et cantonnée de seize alérions d'azur. (*)

Un chœur, composé de MM. les chantres des diverses églises, les élèves de l'Université, de l'Ecole Normale et du Séminaire, sous la conduite de M. l'abbé Morel, chanta les morceaux de musique sacrée dont voici le programme :

" Messe royale chantée par un chœur de 200 voix formé parmi des élèves internes et externes du Séminaire, et de MM. les principaux chantres de toutes les églises de Québec, avec acccompagnement d'orgue et d'harmonium par MM. Dessane et Gagnon.

" Avant l'Evangile et après la Communion, un chœur des Montagnards Béarnais et l'*Inflammatus* du *Stabat* de Rossini, chantés par les élèves de l'Ecole Normale, sous la direction de leur professeur M. Gagnon.

" A l'Offertoire un *Veni Creator* de M. Morel, et à la fin de la messe un *Regina Cœli* de Miné, avec accompagnement de bande, chantés par tous les élèves du Séminaire, sous la direction de M. l'abbé Morel."

VI.

A trois heures et demie, le 16 Juin, eut lieu la cérémonie de la promotion de M. Larue au doctorat en médecine : Cette cérémonie fut imposante au plus haut degré.

A l'une des extrémités de la belle salle des séances publiques était élévé une estrade, surmontée du portrait de Monseigneur de Laval (†) ; sur cette estrade devaient prendre place

---

(*) Une bonne gravure, signée Cl. Duflos, représentant le portrait de Mgr de Laval, laisse voir au bas du médaillon un écu qui porte d'argent, à la croix de gueules cantonnée de seize alérions de sables ;—mais ceci est évidemment une erreur ; car sur un ancien document, conservé à l'Archevéché de Québec, on reconnait encore sur la croix de l'écu, figurée sur le sceau de l'illustre prélat, les cinq coquilles des Laval dont la gravure ne fait pas mention :—quant aux émaux les ouvrages héraldiques les écrivent comme nous les avons donnés.

(†) Le portrait, dont nous avons parlé plus haut, porte la légende suivante :

LES MAISONS DE LAVAL ET DE MONTMORENCY
FORMERENT LA HAUTE NAISSANCE,
DE CE PREMIER PRELAT DE LA NOUVELLE FRANCE,
DONT L'IMAGE PARAIT ICY.
IL EFFAÇA TOUS SES AYEUX :
DIEU, PAR LA SAINTETE, LE MIT AU-DESSUS D'EUX :
IL LUI DONNA POUR HERITAGE
LE CANADA FRANÇAIS, LE CANADA SAUVAGE,
ET SOUS UN TEL PASTEUR LE TROUPEAU FUT HEUREUX.

le Recteur de l'Université et les professeurs présents à la céré monie. Une assistance, prise au sein de l'élite de la société,—les dames dans les belles galeries qni entourent l'appartement, les messieurs sur les fauteuils du parquet,—était là réunie. Bientôt le corps des professeurs des quatre facultés, revêtus de leurs brillants costumes, conduits par le Recteur et précédés des appariteurs, traversèrent la salle pour aller occuper les siéges qui leur étaient destinés. Alors eut lieu, en latin, le colloque d'usage, entre le Doyen de la faculté à laquelle appartient le recipiendaire et le Recteur, entre celui-ci et les professeurs présents, et enfin entre le Recteur et le recipiendaire, dans la tenure et forme suivantes :

" Le doyen de la faculté de médecine :

" Mr. le Recteur, je suis chargé de vous prier de promouvoir au doctorat en médécine M. F. H. LaRue, déjà licencié dans le même art, qui a accompli tout ce qui est prescrit pour obtenir le grade que je sollicite pour lui, comme on peut le voir par l'instrument que je tieus en main.

" Le Recteur :

" Qu'on le lise.

" Le Secretaire lit le procès-verbal de la soutenance, qui constate que M. LaRue a soutenu brillamment un sévère examen (*)

" Le Recteur :

" MM. les professeurs et docteurs ici présents, consentez-vous à ce que cette demande soit accordée ?

—" Oui.

(*) CERTIFICAT DU DOYEN.

Université' Laval, 16 Juin 1859.

Aujourd'hui le quinzième jour du mois de Juin de l'année de mil huit cent cinquante neuf, en présence de MM. les Docteurs et Professeurs de la Faculté de Médecine, Charles Frémont doyen, James Arthur Sewell, Jean Etienne Landry, Alfred Jackson, Charles Eusèbe Lemieux.

M. Français Alexandre Hubert LaRue, Licencié en Médecine, après avoir subi un examen, en deux séances, d'une heure et demie chacune, sur une thèse présentée par lui, ainsi que sur des questions ayant rapport aux différentes branches de la Médecine, et après s'être conformé, en tous points, aux Réglements de l'Université, a été jugé à l'unanimité digne d'être promu aux honneurs du Doctorat.

C. FRÉMONT, M. D. L., Doyen,
(Signé,) C. E. LEMIEUX, M. D. L.,
Secrétaire, *Par interim.*

" Le Recteur :

" Qu'on fasse venir le candidat.

" Le Recteur, après l'arrivée du candidat ;

" Comme il est à désirer que ceux qui ont dans l'Université le plus haut grade ne l'honnorent pas moins par leur conduite que par leur science, il ne suffit pas, pour que je vous le confère, que vous en soyiez maintenant digne ; je dois encore prendre des précautions pour l'avenir. En conséquence, je vous requiers de répondre, sur votre honneur, aux questions que je vais vous adresser.

" Le Recteur :

" Promettez-vous qu'il n'y aura jamais rien dans votre conduite qui soit indigne du grade que vous demandez ?

R. Je le promets.

" Promettez-vous que dans l'enseignement, si vous vous y livrez, vous aurez toujours pour guide ce que vous croyez être la vérité, et pour but principal le bien des élèves et l'honneur de notre établissement ?

R. Je le promets.

" Promettez-vous que dans la pratique de votre art, vous choisirez toujours, de tous les moyens, celui que vous croirez préférable, dans l'intérêt du patient, pourvu toutefois qu'il soit permis ?

R. Je le promets.

" Promettez-vous que lorsque vous verrez vos patients en danger de mort, vous les en avertirez, afin qu'il pourvoient à leur salut éternel ?

R. Je le promets.

" Promettez-vous à cette Université reconnaissance et respect filial ?

R. Je le promets.

" Consentez-vous à perdre votre grade, si vous veniez à manquer, en matière notable, à quelqu'une des promesses que vous venez de faire ?

R. J'y consens.

" Puisqu'il est ainsi, moi, Recteur de cette Université, en vertu du pouvoir octroyé par la charte qui la constitue, et du consentement des professeurs et docteurs ici présents, je vous crée et proclame docteur en médecine, avec tous les droits honneurs et priviléges qui appartiennent à ce grade.

" Approchez pour recevoir les insignes et diplôme de votre grade."

Le nouveau docteur reçut alors, des mains du recteur, son diplôme (*) et les insignes de son grade, le bonnet, l'épitoge au liseré d'hermine et l'anneau doctoral qu'avaient apportés, sur des plateaux, les deux plus anciens élèves de la Faculté de Médecine.

Le Docteur Sewell, se levant à la suite de la réponse affirmative des professeurs à la question qui leur était posée relativement à la promotion du candidat, fit le discours que nous publions plus loin.

Une fois revêtu des insignes du doctorat, le nouveau docteur alla prendre place au milieu des professeurs, et remercia les membres de l'Institution à laquelle on venait de l'agréger.

(*) *Deo favente haud pluribus impar,*

LUDOVICUS JACOBUS CASAULT,

DOCTOR IN SACRA THEOLOGIA ET RECTOR UNIVERSITATIS LAVALIENSIS,

OMNIBUS AD QUOS PRÆSENTES LITTERÆ PERVENERINT,

SALUTEM.

—

Cum Gradus Academici eo consilio instituti sint ut qui alii vel ingenio vel doctrina præstent, qui bene republica litterarum meruerint, qui bonas artes ament et promoverint, hominesque in eis excolendis vel scriptis suis et exemplo, vel quoquo denique modo adjuverint, honoribus et titulis præter cæteros insignerentur ;

Sciatis hujus Universitatis Rectorem et socios, pro auctoritate illis commissa per Regias litteras datas Westmonasterii sexto Idus Decembris, annis salutis millesimi octingentesimi quinquegesimi secundi, decrevisse VIRUM CLARISSIMUM ET IN ARTE MEDICA PERITISSIMUM.

FRANCISCUM HUBERTUM LA RUE,

MEDICINÆ DOCTOREM

Creavi et renunciavi, sicut per præsentes litteras creatur et renuntiatur, cum omnibus juribus, privilegiis et honoribus ad hunc gradum pertinentibus

Cujus rei quo major esset fides, hisce litteris sigillo Universitatis munitis, Nos et Universitatis Pro-Secretarius chirographa opposuimus, Quebeci. *sexto decimo Calendas Julii*, anno reparatæ salutis millesimo octingentesimo quinquagesimo *nono.*

L. J. CASAULT, Ptre.

E. A. Taschereau, Ptre., S. C. D.,
Secretarius.

(Un large sceau, enfermé dans un médaillon d'argent, est attaché à ce document.)

Ici se termina cette scène imposante, bien propre à montrer aux élèves de l'Université Laval et à la jeunesse du pays, que les seuls titres, dignes d'être portés et capables d'honorer et de recommander, sont ceux qui ont été conquis par un mérite réel et achetés au prix de veilles et de sérieux travaux.

DISCOURS DU DR. SEWELL.

(*Traduit de l'anglais.*)

M. le Recteur et Messieurs,

Je dois réclamer votre indulgence pour la forme sous laquelle vont se présenter à vous les remarques que j'ai été appelé à faire dans cette occasion, remarques à la rédaction desquelles je n'ai eu que peu d'instants à consacrer.

Nous sommes réunis ici pour conférer le degré de Docteur en Médecine à un élève de cette Université, circonstance à laquelle il est d'usage de donner plus ou moins de solennité, et qui porte toujours en elle-même le caractère d'une scène imposante.

C'est un moment intéressant, pour le professeur et de toute importance pour le candidat ; car les liens qui, pour plusieurs années, ont uni le professeur et l'élève vont être rompus, — les relations qui s'étaient formées entre eux vont changer de nature,—cette intimité respectueuse qui *a* existé et qui *doit* exister entre l'un et l'autre va être altérée, et l'élève va cesser de l'être pour entrer dans la difficile carrière de l'exercice de sa profession ; carrière pleine de soins, de labeurs, d'anxiété et qui va faire peser sur les épaules du nouvel élu une terrible responsabilité.—Ce doit être aussi l'occasion pour le professeur de se questionner lui-même et de se demander s'il a bien rempli ses devoirs envers l'élève, pour le préparer à l'exercice des fonctions dont il va bientôt être investi.

Le jour choisi pour la cérémonie actuelle est un jour admirablement adapté,—étant le 200ème anniversaire de l'arrivée dans ce pays du Prélat dont cette Université porte le nom, du prélat qui fut le fondateur du Séminaire de Québec, la plus ancienne institution collégiale de ce continent, du prélat aux successeurs duquel, dans la personne de Messieurs du Séminaire, la ville de Québec, la *Province* et, ne peut-on pas dire le monde, sont redevables de l'établissement et, du maintien de cette Université, dont nos descendants pourront être fiers.

Grâce à ces généreux messieurs, notre jeunesse n'est plus dans la nécessité de laisser le toit paternel, pour aller, à grand frais, chercher hors de son pays la haute instruction. Oui, grâce à ces messieurs, nos enfants trouvent aujourd'hui à la porte de la maison de leur père les avantages que, naguères, ils étaient obligés d'aller demander à l'étranger.

J'ai déjà eu l'occasion, dans une autre circonstance en parlant à la Faculté de Médecine, d'insister sur l'importance qu'il y a d'exiger une éducation classique complète de ceux qui se destinent à l'étude des sciences médicales.—Les noms honorés des Boerrhave, des Haller, des Harvey, des Sauvage, des Cullen, des Broussais, des Hunter, des Corvisart, des Munro, des Richardson, des Graves, des Cruvilhier, des Cooper, des Dupuytren, des Alison, des Laennec, des Stockes, des Abercrombie et d'une foule d'autres furent alors mis devant les yeux des élèves, pour leur faire voir que ces grands hommes se sont distingués par leur science et par la culture des lettres, et j'en ai conclu que le succès éminent dans l'étude et la pratique de la profession est nécessairement lié, dans une grande mesure, avec une éducation classique de premier ordre.

Mais, messieurs, il n'est pas nécessaire en ce moment d'insister sur ce point, aujourd'hui réglé, et il me sera permis de dire, sans pour cela m'exposer à une accusation de faux orgueil, qu'il n'y a pas sur ce continent un seul collége ni une seule université qui ait pour l'admission,—soit à l'étude, soit à licence, soit au doctorat,—des exigences aussi sévères que celles de *notre* Université.—Ce serait même une question de savoir si les anciennes Universités de la Grande-Bretagne, (si on en excepte l'Université de Londres) demandent autant que nous à leurs élèves.

A preuve de cette assertion qu'on me permette d'esquisser brièvement le programme des connaissances que doivent posséder les candidats aux divers degrés de notre éducation universitaire.

D'abord je parlerai de l'examen qui précède *l'Inscription*, qui correspond à l'*Immatriculation* des colléges anglais :—Cette épreuve se fait au moyen de deux examens distincts, l'un portant sur les études littéraires, l'autre sur les études scientifiques.—Le premier comprend le latin, le grec, l'histoire, la géograhie, la littérature proprement dite, la réthorique, le français et l'anglais : —Le second comprend les mathématiques, l'Histoire naturelle, la philosophie, l'astronomie et la Chimie.

Pour devenir Bachelier-ès-arts, le candidat doit posséder une connaissance plus approfondie des mêmes matières et subir un examen plus minutieux, lequel se partage en six séances d'environ deux heures quarante minutes chacune, en tout seize heures. Le degré de Bachelier-ès-arts n'est pas encore aujourd'hui essentiellement nécessaire pour arriver au rang de Docteur ; mais cet état de chose doit finir à une période déterminée par les statuts de l'Université, après quoi il sera de rigueur de passer successivement par tous les degrés intermédiaires pour arriver au plus élevé. En cela l'Université Laval a dévancé toutes les institutions de ce continent et elle peut, à bon droit, se sentir fière de cette initiative.

Quelques-uns pourront trouver ces dispositions trop sévères, peu en rapport avec les moyens d'instruction qu'est sensé posséder un jeune pays. On pourra même se demander si ce n'est pas là engager les étudiants à fréquenter les universités où l'on devient docteur beaucoup plus facilement.

Quant à ce dernier effet, il n'y a pas de doute qu'il puisse avoir lieu, mais je suis heureux de dire que l'Université-Laval n'est pas et ne peut pas être mue par des motifs mercenaires.—Le Conseil universitaire a fait un examen complet de la question et en est venu à la conclusion qu'il est *meilleur* de n'admettre qu'*un seul* gradué par année, lequel puisse dans le monde faire honneur à Laval, que d'en recevoir cinquante, pour courir le risque d'avoir à rougir de plusieurs :—en un mot, pour me servir des paroles de M. le Recteur, je dirai en résumant cette question.—" Laval, dans ses gradués, ne regarde pas à la *quantité* mais à " la *qualité*."

Je ne puis laisser passer le nom de notre Recteur, M. l'abbé Casault, sans lui présenter mon humbe tribut d'hommages et d'admiration, à lui qui a toujours su prendre les choses de haut et émettre de larges idées, en toutes les choses liées avec l'origine et le maintien de cette université, à laquelle il a consacré ses talents et un zèle infatigable.— Je profite encore, avec joie, de cette occasion pour le remercier, tant en mon nom qu'au nom de mes collègues de la Faculté de Médecine, pour la cordialité, la bienveillance et la politesse qui ont constamment et uniformément caractérisé ses rapports avec nous.

Examinons maintenant un moment quelle est la nature des Examens auxquels sont soumis nos candidats de la Faculté de Médecine.

On compte dans cette Université trois degrés en médecine, savoir : le Baccalauréat, la Licence et le Doctorat. Le premier de ces degrés s'obtient à la suite de deux années d'études et l'épreuve réussie de six examens ; mais il est question d'exiger dorénavant trois années d'études et neuf examens, un à la suite de chaque terme universitaire. Pour obtenir ce degré, il faut avoir conquis, à chaque examen et sur chaque branche des connaissances médicales, les notes *très bien* ou *bien*. On voit par là que celui qui obtient ce degré ne le possède qu'après l'avoir noblement gagné. Qu'on me donne permission de faire remarquer combien est sûr ce moyen de surveiller les progrès de l'élève et quel sujet d'émulation les étudiants trouvent, dans la pratique de ces examens de chaque terme.

Le degré de licencié en médecine s'obtient à la suite de quatre années d'études universitaires.

En passant, je dois dire que l'année universitaire, dans cette Université, comprend une période de dix mois de labeurs, tandis que dans les autres institutions de ce genre sur ce continent, elle ne dépasse pas six mois et que, pour plusieurs universités des Etats-Unis, cette année, n'a qu'une durée de quatre mois. Il est facile de comprendre et d'apprécier la différence, dans l'intérêt des études et de l'élève.

L'examen pour la licence est on ne peut plus sévère et minutieuse : il se divise en trois séances :—les deux premiers durent six heures, pendant lesquelles le candidat est enfermé sous clef *sans livres*, sans *conseils*, chargé de la confection de deux thèses, dont les sujets lui sont donnés au moment de son emprisonnement. C'est d'après l'examen de ces deux thèses que les professeurs décident s'il convient de l'entendre dans un examen oral, lequel examen, si le jugement est favorable, a lieu le troisième jour et dure trois heures, pendant lesquelles il est *sassé* comme le grain dans un crible. Ses mérites sont ensuite discutés par les professeurs qui en jugent, avec sévérité, mais avec impartialité.

Le degré de Docteur ne peut s'obtenir avant la période écoulée de deux années après l'octroi de la licence, mais le candidat peut se présenter au bout de quatre années écoulées. A l'examen pour l'obtention du doctorat, le candidat doit soutenir publiquement une thèse dont le sujet reste à son choix, puis il est soumis à un examen général sur les diverses branches de la science. Bien que cet examen soit très sévère, il n'est cependant pas aussi minutieux que celui qui précède l'octroi de la licence : l'objet étant plus particulièrement de s'assurer que le candidat, depuis sa sortie de l'Université, n'a pas discontinué l'étude de sa profession.

Voilà, en peu de mots, l'énoncé de ce que la Faculté de Médecine Laval exige de ceux qui veulent obtenir de cette Université le haut degré des honneurs médicaux.

Il me serait impossible de passer en revue les statuts de l'Institution ; mais qu'il me suffise de dire que tous ont pour but d'élever le niveau des études et de servir à l'avancement des sciences.

Si je ne craignais pas d'être trop long, j'aurais aimé à parler amplement de notre magnifique musée et de notre bibliothèque, récemment augmentée par l'addition des livres qui ont appartenu à l'ancienne Ecole de Médecine de Québec et à feu M. le docteur Fargues. Il suffira de dire que sous ce rapport nous n'avons rien à envier à aucune autre institution d'Amérique.

Et maintenant pour conclure qu'il me soit donné d'adresser, de la part de mes collègues et pour ma part, quelques mots au Recipiendaire qui, après avoir parcouru toute la carrière de ses études et subi tous ses examens de la manière la plus distinguée, se présente devant nous pour recevoir, en récompense de ses mérites, le plus grand honneur qu'il soit en la puissance de cette Université de lui accorder.

—Nous sommes sur le point de nous séparer et dans un instant tous nos rapports de professeurs à élève auront cessé pour toujours : en prenant congé de vous, dans cette capacité, permettez-moi de vous présenter à l'esprit quelques maximes relatives à vos devoirs de trois sortes.—*Devoirs envers Dieu*, *Devoirs envers vos malades*, *Devoirs envers vos confrères*.

Des premiers devoirs je sens que ce n'est pas à moi de vous en parler autrement que pour vous dire, en général, de ne jamais les oublier.

Sur les devoirs du second genre que j'ai mentionnés, je vous dis : Soyez assidu et attentif dans l'accomplissement des fonctions de votre état. Soyez bon et sympathique pour les malades. Ne vous éloignez pas du pauvre que la douleur tourmente :—nous devons beaucoup aux pauvres !—ce sont les pauvres qui nous emploient les premiers, quand les riches ne nous connaissent pas encore ; c'est dans les rangs inférieurs de la société que les médecins recuellent la réputation d'habiles qui les conduit dans les cercles élevés du monde.—N'oubliez donc jamais que le *pauvre* ne vous *doit rien ;* mais que probablement vous lui devez tout.

Que la tempérance et la sobriété soient vos gardiens.

Le Médecin est, ou du moins devrait être l'ami de tous ses clients.—Comme tel il voit et entend, au foyer des familles, des choses que nul autre ne voit et n'entend.—Il est le confident de bien des secrets.—On le consulte sur des choses d'où dépendent l'honneur et le bonheur domestiques.—On lui demande son avis sur des affaires tout à fait étrangères à l'exercice de sa profession.—En un mot il est regardé comme le confident de la famille.—Gardez-vous donc de jamais abuser de pareils avantages, de jamais trahir une pareille confiance, soit par vos actes soit par vos paroles.

Renfermez au fond de votre cœur, comme en un sanctuaire inviolable, les secrets des familles :—Que nulle tentation ne vous détourne de l'étroit chemin des bonnes mœurs :—Prenez pour devise les mots : " *Chasteté, Discrétion, Probité.*"

Je pourrais vous parler de plusieurs autres points qui concernent vos devoirs ; mais j'ai déjà parlé trop longtemps et je dois me hâter de vous dire mes derniers mots sur le sujet de vos devoirs envers vos confrères. Il peut devenir nécessaire de différer d'opinion avec vos collègues ; alors, tout en soutenant vos propositions avec fermeté et courage, faites-le toujours avec courtoisie et en gentilhomme. Nous sommes tous des rivaux, il est difficile qu'il en soit autrement ; mais que nos rivalités, qui sont utiles au public, soient servies par des moyens loyaux et honorables, qui sont en même temps les moyens les plus légitimes et les plus sûrs de succès. Les petites jalousies et les petites misères, entre confrères, tendent à diminuer l'estime de chacun et de tous pour les individus et pour toute la profession.

Croyez-moi, en ne perdant point de vue ces points cardinaux de la boussole médicale, vous arriverez à bon port à travers les rescifs et les dangers de la profession ; et en cela réside pour nous la garantie que jamais vous ne flétrirez le degré que nous vous conférons aujourd'hui.
—Allez bien.

DISCOURS DE M. LARUE.

M. le Recteur,

Je ne chercherai certainement pas à cacher, sous les dehors d'une fausse humilité, les émotions si douces que font naître en moi, et ces marques de distinction toute particulière dont je viens d'être l'objet de votre part, et le titre si honorable que vous venez de me conférer.

Premier élève gradué de l'Université-Laval, je me sens aujourd'hui, doublement heureux : d'abord par la manière si flatteuse dont vous venez de couronner mes humbles efforts, et en second lieu, par l'heureuse coïncidence de mon admission au Doctorat en Médecine, avec une époque si remarquable, à tous égards, puisque nous célébrons le 200ème anniversaire de l'arrivée en Canada de l'un des plus grands bienfaiteurs de ce pays, Mgr de Montmorency-Laval.

Et en effet, cette Université, qu'est-elle?.....N'est-elle pas la continuation de cette même œuvre, commencée il y a deux siècles, par les travaux et par le dévouement de cet homme, tant illustre déjà par sa noble origine, mais devenu cent fois plus illustre encore, non moins par le vif éclat de ses qualités personnelles que par les titres si nombreux qu'il s'est acquis à la reconnaissance éternelle de tous ceux qui s'intéressent réellement au bien-être de ce pays, à quelqu'origine qu'ils appartiennent.

Ces édifices si grandioses, que nous envierait plus d'une ville européenne, et où je vois réunis aujourd'hui, et l'élite de notre société canadienne, et tant d'hommes si recommandables par l'étendue de leurs connaissances, et par les services signalés qu'ils rendent encore tous les jours à leur pays ; cette salle splendide, où je constate, avec bonheur, la présence d'un digne Prélat, que l'Université réclame avec orgueil, comme l'un de ses premiers et illustres fondateurs ; ces musées, dont la richesse et la variété ne le cèdent à ceux d'aucune autre institution sur ce continent américain ; ces bibliothèques si précieuses et si considérables, tout cela, dis-je, n'est-ce pas encore, n'est-ce pas toujours la continuation de l'œuvre, commencée, il y a deux siècles, par Mgr de Laval :—quand faisant abattre le premier de ces arbres qui couronnaient alors l'endroit où nous sommes à l'instant même, il se dit : " Là je bâtirai un collége, là j'élèverai un monument destiné à l'éducation de la jeunesse de ma patrie adoptive ; là, renouvelant cet adieu éternel que j'ai déjà fait à tous ces honneurs, auxquels me donnaient droit les titres de ma naissance, là je veux vivre et mourir !"

Que ne puis-je, en ce moment, rappeler à votre mémoire, la suite non interrompue de ces nobles efforts, et de ce dévouement sans bornes qui s'est perpétué, sans relâche, dans cette première de nos institutions canadiennes, qui a nom SÉMINAIRE DE QUÉBEC. Mais comme le cadre de ce discours ne me permet pas de tels développements, je voudrais, au moins, pouvoir dire un mot sur les commencements et la fondation de cette Université ; je voudrais qu'il me fût permis de décliner certains noms, et de leur rendre, s'il était possible, le juste tribut d'éloges qu'ils méritent. Mais je ne l'ose.—Il est des hommes que l'éloge le mieux mérité blesse et révolte toujours ; il est des hommes à qui il faut taire la louange avec la même prudence qu'on tait ordinairement le blâme. Bien plus, avec eux, on est même dans la pénible nécessité de taire jusqu'à sa propre reconnaissance, de crainte que quelque mot un peu flatteur ou indiscret ne résonne mal à leurs oreilles trop délicates.

Mais, si l'on me refuse ce glorieux privilége, l'Histoire, elle, saura bien s'arroger ce droit, un jour à venir. Oui, l'Histoire impitoyable s'arrêtera avec complaisance à l'époque mémorable qui vit naître cette Université ; elle proclamera bien haut à la vénération des descendants, les noms de ces hommes, trop peu connus aujourd'hui, parce qu'ils se tiennent obstinément dans l'ombre, et qu'ils cherchent, mais vainement, à se faire oublier :—Elle redira et leurs sacrifices, et leur dévouement, et leurs succès, et tout ce qu'ils ont fait pour le bien et l'avancement de ce pays.

Nos ancêtres, messieurs, (comment leur souvenir ne se présenterait-il pas naturellement à notre esprit, dans ce jour qui les célèbre tous, pour ainsi dire, dans la personne de leur premier Evêque), nos ancêtres, dis-je, étaient tout à la fois missionnaires, cultivateurs, et soldats. Et quels soldats ?......Vous le savez. Mais depuis longtemps déjà—et heureusement—le glaive des batailles dort paisiblement dans le fourreau, et la trompette des combats n'a troublé ni la paix ni l'harmonie dans notre heureuse patrie.

Aussi cette halte prolongée a-t-elle été mise activement à profit ; et l'instruction dans tous les genres, a-t-elle fait des progrès bien remarquables, depuis quelques années. Comme autrefois, on a vu se resserrer encore les nœuds de cette union si intime, qui, sur cette terre du Canada, a toujours existé entre le prêtre et le laïque ; comme toujours, on les a vu marcher glorieusement sous le même drapeau, non plus, cette fois, pour repousser les attaques d'un ennemi redoutable, non plus pour s'enfoncer dans l'épaisseur des bois et porter la civilisation chez les peuples sauvages ; mais pour la noble et sainte cause, pour le glorieux apostolat de l'éducation.

Dans cette croisade honorable vous n'avez pas été les moins empressés messieurs de la Faculté de Médecine, vous qui, il y a quinze ans, avez fondé la première école de Médecine de Québec, vous qui, pendant dix années, consécutives, l'avez si courageusement soutenue et supportée, et cela sans autre rénumération que la conscience d'avoir servi votre pays, et d'avoir contribué à rehausser l'éclat de cette noble carrière médicale que vous poursuivez avec tant d'honneur.—Je suis donc extrêmement heureux qu'une circonstance aussi solennelle me fournisse enfin l'occasion de vous dire, une fois du moins en mon propre nom comme au nom de tous vos élèves, mes anciens camarades, de vous dire, du plus profond de mon cœur :—Messieurs, Merci.

Jeunesse du Canada, voilà ce qu'on a fait pour nous. Combien ne devons-nous pas nous sentir glorieux, en songeant qu'il n'est pas besoin maintenant d'aller mendier à l'étranger le pain de l'intelligence, mais que notre jeune patrie, qui ne compte encore pourtant que quelques milliers d'habitants, nous offre elle-même, tous les moyens possibles et désirables, de nous instruire ! Voyons plutôt : Montréal a ses colléges, son école Normale, ses Sociétés Littéraires, son Ecole de Médecine Canadienne, son Université-McGill ; Québec a aussi son Collége, son Ecole Normale, ses Instituts, son Université : voyez encore, dans nos campagnes, ces belles institutions dont nous sommes fiers. Un champ vaste et fertile est donc ouvert devant nous ; la mine précieuse est là, qui n'attend plus que le travail de l'artisan ; ne négligeons donc pas de si précieux avantages. Mais aussi rappelons-nous toujours que la science et le savoir sont des armes également bienfaisantes et dangereuses : bienfaisantes, quand elles sont dirigées par une éducation religieuse, morale et véritablement philosophique ; dangereuses, au contraire, quand cette éducation ne nous a pas enseigné la manière de nous en servir pour le bien.

A l'œuvre donc ; n'épargnons ni temps, ni peines, ni sueurs, ni fatigues, et que notre devise soit toujours : *Religion, Honneur et Patrie* !

VII.

Enfin toute cette belle fête reçut son complément dans une grande soirée musicale qui, le 16 Juin au soir, venait signaler un succès nouveau et non moins grand que les autres, et montrer que les beaux arts trouvent aussi en Canada des aptitudes et des talents.

Un orchestre de cinquante exécutants et un chœur de deux cents voix ont, pendant plus de trois heures, jeté des flots d'harmonie à un auditoire composé de près de deux mille personnes, rassemblées dans la belle et vaste salle de l'Université.

L'organisation de ce grand concert était due à M. l'abbé Morel, professeur de musique du Séminaire (venu de France). M. l'Abbé Morel était secondé par nos artistes et amateurs distingués de Québec. On comprendra facilement quels soins et quelles peines a dû demander une pareille organisation : —un concert où se trouvent deux cents concertants n'est pas une petite affaire, et ce n'est pas souvent qu'un pareil spectacle est donné à une ville de province et, surtout, avec un succès aussi complet que celui que, d'un commun consentement, tout le monde accorde à ce concert.

On aimera, sans doute, à revoir et à conserver le Programme officiel de cette soirée musicale et le texte des discours prononcés, pendant la soirée, par M. l'abbé Taschereau, docteur de la Faculté de Théologie, et par M. le Docteur Tessier, de la Faculté de Droit : nous sommes donc heureux de pouvoir reproduire ici ces documents.

GRANDE SALLE DE L'UNIVERSITÉ-LAVAL,

JEUDI, 16 JUIN 1859.

SOIRÉE MUSICALE

POUR CÉLÉBRER LE

DEUX CENTIÈME ANNIVERSAIRE

DE

L'ARRIVÉE EN CANADA

DE

MGR. DE MONTMORENCY-LAVAL,

PREMIER ÉVÊQUE DE QUÉBEC.

Premiere Partie.

1°. Ouverture de la DAME BLANCHE, Opéra de . BOIELDIEU, exécutée par l'orchestre.

2°. Chœur de JUDAS-MACHABEE, oratorio de . . . HAENDEL, chanté par MM. les élèves réunis de l'Université-Laval et du Séminaire, avec accompagnement d'orchestre.

> Chant d'allégresse,
> Par tes sons vainqueurs,
> D'une douce ivresse
> Viens remplir nos cœurs.
> Qu'en ce jour de fête,
> Sous le ciel natal,
> Chaque voix répète
> Le nom de LAVAL.
>
> *Reprise.*
>
> Chant d'allégresse, etc.

3°. Discours de circonstance.

4°. Grand Duo de la REINE DE CHYPRE, opéra de . HALEVY, chanté avec accompagnement de piano.

5°. Fantaisie sur le TROUVERE, grand opéra de . . . VERDI, exécuté par l'orchestre avec solos de violon, de violoncelle, et chœur.

> Miserere! pitié pour notre frère
> Qui va quitter, seigneur, quitter la terre.
> Miserere! des cieux bonté sublime,
> Sauve un mortel de l'éternel abyme.

6°. DOUZE HEURES DANS LA CITÉ, chœur en deux parties, chanté par la société orphéonique du Séminaire, sans accompagnement. Musique de . . . . ZIMMERMANN.

PREMIÈRE PARTIE :—LA NUIT.

O douce nuit, viens voltiger
Sur nos demeures,
Et fais, pour nous, fuir, plus léger,
Le cours des heures.
Du ciel tu redescends,
Pour calmer nos sens
D'un sommeil tutélaire ;
Et par toi le repos
Rend nos bras dispos
A gagner notre salaire.
Reprise :—O douce nuit etc.

Le guet paraît :

Soldats du guet, marchons à pas comptés
Dans ce quartier, sergent, soyons sur le qui vive ;
Si quelqu'un fait tapage, ou fuit de ces côtés,
Au corps de garde il faut soudain que l'on nous suive.
Tout repose, on n'entend plus rien
Que, sous les ponts, le flot qui gronde ;
Les malfaiteurs de nuit savent, ma foi ! trop bien
Comment dans la cité nos hommes font la ronde.

DEUXIÈME PARTIE :—LE CREPUSCULE.

PRIÈRE.

L'Aube paraît et verse la lumière.
Dieu paternel, nous t'offrons notre amour ;
Daigne bénir la famille ouvrière
Qui prélude aux travaux du jour
Par la sainte prière.

Les ouvriers s'appellent :

Cinq heures vont sonner : partons.
Voisins, nous vous quittons ;
Déjà le ciel qui se colore
Au vieux Paris donne l'éveil.
Amis, voyez le jour éclore ;
Tout brille à l'horizon vermeil :
Et, sous les dômes, le soleil :
Tout brille à l'horizon vermeil.
Salut, soleil ! Salut, soleil !

Apprentis, bons ouvriers,
Sans retard aux ateliers
Allons, chantons, gais travailleurs.

Chœur des ouvriers :

Ah ! la bonne fête !
Rendons-nous à nos travaux ;
Le labeur apprête
Des plaisirs nouveaux.
Ensemble au pas, d'un air vainqueur,

Courage et gaité franche ;
Le travail est moins rude au cœur
Où la gaité s'épanche.
Tous à l'ouvrage, et chaque fois,
Quand viendra le Dimanche,
En doux accords nous unirons nos voix.
Tra la la la la la la, etc.
Nos chants, que rien ne gène,
Nous soutiendront toujours.
Et rions de la peine,
En songeant aux beaux jours.
Reprise :—Ah ! la bonne fête, etc.....
Allons, chantons, gais travailleurs,
Les plus joyeux sont les meilleurs,

7°. Andante du cinquième Concerto de Herz, solo de piano avec orchestre, musique de . . . . HERZ.

8°. VIVE L'EMPEREUR ! (Chœur National-français), chanté sans accompagnement par MM. les élèves de l'Université-Laval et du Séminaire. . . . . GOUNOD.

Refrain.

Vive l'Empereur !
C'est l'élu de la France,
Il fut son sauveur ;
Il est son espérance.
Le cri de France
Est : Vive l'Empereur !
Il ouvre un temple à l'industrie ;
Il rend aux beaux-arts leur splendeur,
A nos drapeaux leur vieil honneur ;
A la France il rend son génie.
Vive l'Empereur, etc....
Que la divine Providence
Le couvre d'un bras protecteur.
N'est-ce pas prier pour la France
Que prier pour son Empereur !
Vive l'Empereur, etc....

———ooo———

Seconde Partie.

1°. Fantaisie sur les Huguenots, Grand Opéra de . MEYERBEER. exécuté par l'orchestre.

2°. Cantate en l'honneur de Mgr. de Laval . . . . ROSSINI, chantée par MM. les Elèves réunis de l'Université et du Séminaire.

Récit :—Amis, accourez, accourez, venez chanter une gloire immortelle.

Connaissez-vous sous le soleil
Un fleuve à nul autre pareil,
Dont les rivages enchantés
Encadrent les flots argentés,

Sous un ciel brillant et serein ?
Fils de Laval et de Champlain,
Le Canadien de ses aïeux
Garde le souvenir pieux,
Protégé par la croix
Brillant sur nos montagnes.
Dans nos vertes campagnes,
Il conserve ses droits
Et fier de son destin,
Français et catholique,
Il montre à l'Amérique
Deux noms : Laval, Champlain.
Vive Laval, vive Champlain.
Ouvrant tes portes éternelles,
Gloire, couronne ces héros,
Et que tes pages immortelles
Gardent à jamais leurs brillants travaux.
Soleil, qui vis sur nos parages
Mourir ces deux héros Français,
Tu vois aujourd'hui nos rivages
Couverts des fruits de leurs bienfaits.
Sur les bords de la jeune France,
O Laval, ton nom respecté
S'élève comme un phare immense,
Rayonnant d'immortalité.
Soleil, etc.
Et, de la croix et de l'épée,
Ces deux champions glorieux
Font briller dans notre épopée
L'éclat de leurs noms radieux.
Soleil, etc.
Récit.—Vive, vive Laval ! que notre voix sonore
Sache redire encore
Et la gloire et les bienfaits
Des deux héros Français.
Vive, vive Laval !
Vive, vive Champlain !
Vive, vive Laval !
Vive Monseigneur !

Reprise.

Connaissez-vous, etc.

3°. Grand Trio de GUILLAUME-TEEL, Opéra de . . ROSSINI. pour Ténor, Baryton et Basse, chanté avec accompagnement de piano.

4°. Prélude de S. Bach, arrangé par . . . . . . GOUNOD, méditation musicale, pour violoncelle, solo, chœur et orchestre.

5°. La Cigale et la Fourmi, de La Fontaine, musique de GOUNOD. chantée par MM. de l'Université-Laval, sans accompagnement.

La cigale, ayant chanté
Tout l'été,
Se trouva fort dépourvue
Quand la bise fut venue ;

Pas un seul petit morceau
De mouche ou de vermisseau !
Elle alla crier famine
Chez la fourmi sa voisine,
La priant de lui prêter
Quelque grain pour subsister
Jusqu'à la saison nouvelle :
Je vous paîrai, lui dit-elle,
Avant l'août, foi d'animal,
Intérêt et principal.
La fourmi qui n'est pas prêteuse ;
C'est là son moindre défaut :
Que faisiez-vous au temps chaud ?
Dit-elle à cette emprunteuse.
—Nuit et jour à tout venant
Je chantais, ne vous déplaise.
—Vous chantiez ! j'en suis fort aise.
Hé bien ! dansez maintenant.

6°. Discours.

7°. Galop final exécuté par l'orchestre . . . . S. M.

8°. God save the Queen, chanté par tous les élèves avec accompagnement d'orchestre.

God save our gracious Queen,
Long live our noble Queen,
God save the Queen.
Send her victorious,
Happy and glorious,
Long to reign over us;
God save the Queen.

DISCOURS DE M. L'ABBÉ TASCHEREAU.

Monseigneur et messieurs,

Il y a deux siècles, toute la population de Québec se pressait sur le rivage du St. Laurent, pour saluer un homme qui venait fixer sa demeure dans le Canada.

A cette époque, la civilisation n'avait pas encore fait grand'chose pour ce pays. Cette ville ne renfermait qu'un petit nombre d'âmes ; c'est à peine si la colonie entière contenait autant de français que cette nombreuse et respectable assemblée contient de personnes. A part un petit nombre de terres défrichées autour des principaux forts, toute la surface du sol était encore couverte de ses forêts primitives, où erraient à l'aventure quelques milliers de familles sauvages. Notre beau fleuve n'était sillonné que d'un petit nombre de navires et c'est à peine si dans l'espace d'une année entière il en arrivait autant que dans une seule de nos journées.

Dans cette état de choses, l'arrivée d'un nouveau colon était, pour ainsi dire, un événement. C'était un nouvel élément de force, une source de travail, de commerce et de richesse, l'annonce d'un nouvel établissement, la tige d'une nouvelle famille, qui, en se propageant, devait étendre au loin ses rejetons et contribuer puissamment à augmenter la prospérité de la colonie.

Si tel était l'intérêt inspiré tout naturellement par l'arrivée du plus humble colon, combien plus importante devait être pour la Nouvelle-France l'arrivée d'un personnage illustre par une naissance qui le rapprochait même du trône et qui remontait jusqu'au premier baron chrétien ; l'arrivée d'un évêque au milieu d'un peuple petit, il est vrai, par le nombre, mais grand par sa foi, par sa piété, et par un courage digne des temps héroïques ; l'arrivée enfin d'un homme qui à cette illustre naissance, et à ce caractère sacré joignait les vertus d'un apôtre, le coup-d'œil du génie qui mesure en un instant toute l'étendue de sa tâche, le courage et la persévérance qu'aucun obstacle ne peut arrêter, quand il s'agit d'opérer le bien ?

Tel était en effet Monseigneur François de Montmorency-Laval qui, le 16 juin 1659, foulait pour la première fois cette terre du Canada qui devait être, pendant un demi-siècle, le théâtre de son zèle apostolique, et où il devait laisser des traces si durables de son passage.

Depuis que cette colonie existe, bien des personnages célèbres y sont venus ; on y a vu aborder même des princes du sang dont un plus tard a porté la couronne. Ils ont été reçus avec de grandes démonstrations, mais c'est à peine si les échos du soir ont retenti des acclamations du matin.

Quand donc tout un peuple semble n'avoir qu'une voix pour célébrer le deux-centième anniversaire de l'arrivée d'un homme ; quand, après cette longue révolution d'années, tous les cœurs se réunissent dans un concert de joie, de reconnaissance et d'admiration, qui pourra s'empêcher de conclure qu'il s'agit d'un de ces hommes providentiels dont la mémoire est justement éternelle ?

Tous ceux qui ont connu Monseigneur de Laval sont morts depuis longtemps ; plusieurs générations se sont succédé depuis qu'il a lui-même disparu de la scène de ce monde ; cette colonie a passé sous une nouvelle domination ; la population s'est accrue prodigieusement ; la forme de son gouvernement a été changée à plusieurs reprises ; des événements de la plus grande importance ont eu lieu dans l'ancien et dans le nouveau monde ; mais au milieu de tout cela, le souvenir de ce grand et illustre évêque, qui ne cherchait pourtant qu'à s'ensevelir dans nos forêts, son souvenir, dis-je, subsiste et semble même acquérir chaque jour un nouveau degré de force et de vivacité.

Ah ! reconnaissons-le ; il n'appartient qu'au mérite véritable, qu'à la vertu solide, qu'aux cœurs généreux et dévoués, d'emporter ainsi d'assaut les suffrages de la postérité !

Quels sont donc les titres de Mgr de Laval à cette brillante auréole dont sa mémoire se trouve couronnée ?

Ils sont bien nombreux et bien éclatants :—pour les faire valoir dans toute leur étendue, il faudrait vous remettre devant les yeux toute la suite de sa vie, telle que les contemporains nous l'ont racontée avec admiration.

Vous y verriez dès la plus tendre enfance une piété angélique, une ferveur édifiante, et surtout une charité admirable, préludant sur un théatre moins élevé à tous ces grands actes de charité qui devaient signaler son épiscopat dans la Nouvelle-France. O âme généreuse et compatissante ! on a bien pu écrire de vous avec vérité que vous donniez aux pauvres avec plus de joie que les pauvres n'en avaient à recevoir ! Citons quelques traits de cette admirable charité. Peu de mois avant sa mort, ce charitable prélat, qui avait autrefois hérité d'un beau patrimoine par la mort de son frère aîné, se voyant par suite de ses libéralités et des malheurs survenus à son séminaire, hors d'état de soulager un pauvre qui lui demandait l'aumône, dit à son serviteur avec la plus profonde tristesse : *Hélas ! mon enfant, je vois bien qu'il faut que je meure bientôt, car je n'ai plus le moyen de faire l'aumône !* Quelques jours plus tard, ce même serviteur ayant trouvé dans une armoire un petit couteau de la valeur de cinq ou six sous, pria Monseigneur de le lui donner comme souvenir : *" Mon enfant, si ce couteau est à moi, je vous le donne de bon cœur, car je ne veux rien posséder au monde ! "*

C'est par l'impulsion de cette même charité qu'il a quitté la France, sa patrie, sa famille, ses amis, toutes les espérances que ses talents, sa fortune et sa naissance pouvaient lui faire concevoir, pour venir travailler au bien spirituel et temporel de notre patrie.

Que dirons-nous de ce courage qui, durant un épiscopat de cinquante ans, ne se démentit jamais au milieu des dangers et des épreuves ? De ce zèle brûlant qui ne croyait jamais en avoir fait assez pour le bien de ses chères ouailles ? De cette modestie et de cette piété qui l'ont fait regarder comme un saint, de son vivant et après sa mort ? De cette douceur qui charmait tous ceux qui avaient des rapports avec lui ?

Cependant cette douceur ne dégénéra jamais en faiblesse et l'histoire nous le montre remplissant ses devoirs et maintenant ses droits avec une fermeté digne des Chrysostôme, des Basile et des Ambroise.

En lisant la vie de cet illustre prélat, on ne peut s'empêcher de se demander avec surprise comment il a pu, je ne dis pas, concevoir ou entreprendre, mais mener à bonne fin tant d'œuvres diverses. Et pourtant bien des difficultés ont dû l'entraver dans sa marche. Sans compter la malice des hommes et plus souvent encore leur apathie, il lui a fallu surmonter les obstacles que lui présentaient la faiblesse de cette colonie, son éloignement de la France d'où elle devait parfois attendre jusqu'au pain qui devait la nourrir ; à cette époque la vapeur n'avait pas encore, pour ainsi dire, anéanti les distances et il fallait attendre pendant une année entière la réponse d'une lettre envoyée en Europe. La guerre avec les colonies voisines et avec les cruels et terribles Iroquois, la peste, la famine, l'incendie semblent conjurés pour arrêter, sinon pour détruire toutes ses œuvres, mais l'activité prodigieuse qu'il déploie surmonte tous ces obstacles et de toutes ces épreuves terribles, le nom de Mgr. de Laval sort plus brillant que jamais ; tel ce métal précieux que l'ardeur du feu purifie sans l'altérer.

Et au milieu de tout cela brille surtout une grande et admirable prévoyance qui, tout en pourvoyant aux besoins du moment, sait préparer pour l'avenir le germe de grandes choses et asseoir solidement les larges bases d'un édifice que les siècles seront chargés d'achever.

A l'arrivée de Mgr. de Laval en ce pays, les colons séparés les uns des autres ne pouvaient que difficilement faire instruire leurs enfants ; il réussit à établir un certain nombre d'écoles primaires. La difficulté extrême qu'il avait eue à trouver des maîtres lui suggéra la pensée d'établir au pied du Cap Tourmente, dans les plaines fertiles de St. Joachim, une Ecole Normale, afin qu'en cela, comme dans le reste, le pays pût se suffire à lui-même.

L'agriculture était négligée ; la vie aventureuse des bois avait plus de charmes, pour un certain nombre de Canadiens, que les paisibles travaux des champs. Au milieu de nos forêts silencieuses et qui n'attendent que la hache du bucheron pour faire place à de magnifiques moissons, Mgr. de Laval élève le premier ce double cri dans lequel nous, Canadiens, nous devons voir un des plus fermes soutiens de notre existence comme peuple : *Le sol c'est la patrie ! Emparons-nous du sol !* Pour faire aimer l'agriculture, il suffit de la faire mieux connaître. Pour atteindre ce but, il établit une école d'agriculture.

Mais l'agriculture suppose elle-même l'existence de plusieurs métiers qui lui prêtent le secours de leurs bras et de leurs instruments ; Mgr. de Laval, à qui rien ne semble avoir échappé de ce qui peut contribuer au bonheur de nos ancêtres, est encore ici au premier rang. Il établit, à côté de son école-normale et de son école d'agriculture, une boutique remplie des meilleurs instruments et fait enseigner pratiquement aux enfans du Canada les métiers les plus utiles à un jeune pays. Des écrits contemporains nous ont conservé soigneusement les noms de ceux qui ont appris dans cette école ces divers métiers, et ils nous font remarquer que tous savaient lire, écrires tenir leurs comptes, et, ce qui vaut mieux encore, qu'ils avaient été formés aux bonnes, mœurs et à la science par excellence, à la science de la religion qui leur fait connaître leurs devoirs envers eux-mêmes, envers la société et envers Dieu. Or, je vous le demanderai avec confiance, quelle influence salutaire ne devaient pas exercer, dans un jeune pays, des ouvriers, des pères de famille, formés avec un si grand soin ? Et quel est donc aujourd'hui, je ne dis pas le simple particulier, mais le gouvernement qui fasse autant de sacrifices et qui prenne un soin si particulier de l'instruction de la classe ouvrière ?

Portant même plus haut ses regards, Mgr. de Laval contribua puissamment à organiser sur une bâse plus solide et plus rationelle le gouvernement de cette colonie. Jusque là, le régime patriarcal de l'autorité presqu'absolue des gouverneurs, avait pu suffire ; mais, avec l'accroissement de la population, les affaires s'étaient multipliées et les abus étaient devenus faciles. L'Evêque de Pétrée repassa en France après un séjour de trois années, employées dans une visite exacte de son vaste diocèse pour en bien connaître toutes les parties et tous les besoins. Par son crédit auprès de Louis XIV, qui l'honorait du titre de *cousin*, il obtint la création d'un Conseil Souverain, composé du Gouverneur et des principaux colons, qui devait servir de législature et de haut tribunal judiciaire dans la Nouvelle France.

N'allez pas croire que le soin de tant d'œuvres diverses lui fit négliger le moindrement les fonctions sacrées de sa charge spirituelle. L'histoire nous le montre parcourant sans cesse son immense diocèse, réprimant les abus, corrigeant les mœurs, répandant partout la semence de la parole divine et appuyant par ses exemples les enseignements qu'il donnait, avec éloquence, du haut de la chaire. Il établit un chapitre, il contribua au rétablissement de l'église paroissiale de Québec, il réprima autant qu'il lui fut possible les scandales et les abus énormes qui naissaient de l'ivrognerie parmi les pauvres sauvages. La création de nouvelles paroisses ne suffit pas à son zèle ; contemplons-le envoyant des missionnaires, formés à son école et à son exemple, d'un côté, aux pays du Golfe, à l'Acadie et jusque sur les rivages brumeux de Terreneuve ; de l'autre, jusqu'aux sources de l'Outaouais, jusqu'à l'extrémité du Lac Supérieur, jusque sur les bords du *Père des eaux*, tout le long du Mississipi et sur les rives du golfe du Mexique jusqu'à la Mobile.

Parlerai-je de la fondation du Séminaire de Québec ? Dans la pensée de Mgr de Laval, cette maison devait être le centre et comme le cœur de toutes ces œuvres diverses que lui inspirèrent son zèle et sa charité. Pour cette œuvre chérie, il s'est dépouillé de tous ses biens. A deux reprises, il a eu la douleur de voir les flammes dévorer en un instant le fruit de tant de sacrifices, l'objet de tant de soins, le fondement de toutes ses espérances pour l'avenir. Quand, à l'âge de quatre-vingts ans, on voit ainsi s'anéantir en une heure le fruit de cinquante années de travaux, il peut bien être permis à un vieillard infirme de reculer devant la flamme dévorante et de laisser à des mains plus vigoureuses, à des temps plus prospères, le soin de relever tant de ruines : mais ce n'est pas ainsi que raisonne un grand cœur. Tantôt, je vous l'ai montré demandant à mourir parce qu'il n'avait plus le moyen de faire l'aumône ; il me semble maintenant l'entendre qui ne demande au ciel qu'un peu de vie pour réparer ce cruel désastre. La fumée de ces funestes incendies n'est pas encore dissipée dans les airs, que déjà ce pauvre vieillard, du lit où l'ont cloué la vieillesse et l'infirmité, donne les ordres nécessaires pour rebâtir cet asile qu'il avait ouvert à la jeunesse Canadienne.

Oui, avouons-le, si la patrie est là où sont les affections du cœur, la vraie patrie de Mgr de Laval fut le Canada ; car il n'y a qu'un amour sincère de la patrie qui puisse inspirer tant de sacrifices et soutenir ce courage. Si le patriote véritable est celui qui prouve son patriotisme par ses œuvres, qui peut mériter mieux que lui le titre de patriote canadien ? La Providence, dont les voies sont toujours si admirables, voulut, il est vrai, qu'il naquît dans l'ancienne France, afin que ses relations de famille le missent en état de nous faire plus de bien, mais je ne craindrai pas de le dire, elle lui avait donné en même temps un cœur éminemment canadien !

Que de choses j'aurais à vous dire, comme Canadien, comme ancien élève de cette maison, comme Catholique, camme prêtre, pour vous montrer dans tout son jour le titre le plus beau, le plus durable de cet immortel évêque à notre reconnaissance ! mais je craindrais que mes paroles ne parussent suspectes dans la bouche d'un directeur du Séminaire de Québec.

Je me contenterai donc, pour terminer, de vous rappeler, en l'appliquant à Mgr de Laval, cette parole qui a été dite en France d'un homme célèbre par l'influence immense qu'il avait exercée sur les destinées de son pays : *Regardez de toutes parts ; il n'a pas vu tout ce qu'il a fait, mais c'est bien lui qui a fait tout ce que nous voyons !*

DISCOURS DE M. TESSIER.

En ma qualité de Professeur de l'Université Laval, j'ai été chargé de vous dire quelques mots sur la fête anniversaire que nous célébrons aujourd'hui. C'est avec une légitime défiance de moimême et sous l'empire de bien vives émotions que je m'adresse à une réunion d'élite comme celle à laquelle j'ai l'honneur de parler.

Le Révérend M. Taschereau vient de vous faire le brillant récit des vertus privées de Monseigneur de Laval, il ne me reste qu'à vous parler de ses vertus publiques.

Il paraît dans chaque siècle et dans chaque pays, à de rares intervalles, des hommes extraordinaires ; les uns font des actions éclatantes et jouissent de leur célébrité durant leur vie ; les autres plus humbles travaillent dans le silence au bien de l'humanité, emploient toutes leurs ressources à fonder des institutions qui contribuent à élever la nature morale, à agrandir le domaine des connaissances humaines et à produire le plus grand bien des générations présentes et futures.

De ce nombre était Monseigneur de Laval. En arrivant ici, il y a deux siècles, il ne trouva sur les bords du St. Laurent qu'une population européenne de 2 à 3,000 âmes, mais avec la lucidité de son génie il prévit les destinées du Canada. Jusqu'à son arrivée, il n'y avait eu qu'un gouvernement irrégulier ;—après avoir séjourné au pays trois ans il se rendit à la Cour de Louis XIV, et là il s'occupa non seulement des affaires ecclésiastiques, mais il obtint pour le Canada l'organisation d'un gouvernement civil régulier, et la création de tribunaux par l'édit de 1663 qui établit le Conseil Souverain de Québec, et décréta que le Canada serait régi par les lois et coutumes du *Parlement de Paris.* C'est dans la même année que le Séminaire de Québec fut fondé par un édit de Louis XIV.

Un demi siècle s'écoula, pendant lequel Monseigneur de Laval aida puissamment à maintenir le caractère moral du pays ; il opposa constamment son influence pour protéger les indigènes de même que les nouveaux habitants, contre cet esprit de spéculation d'un grand nombre, qui ne voyait dans le pays qu'un champ d'exploitation pour leur seul profit ; tandisque Monseigneur de Laval y voyait une colonie à fonder et une société à conduire dans le sentier du devoir; et c'est à lui et au vertueux clergé qu'il a formé que nous devons ce haut caractère d'honneur joint à la politesse du siècle de Louis le Grand, qui a distingué le Canadien jusqu'à nos jours.

En comparant les époques, quel sujet de réflexion sur les destinées de notre pays !

En 1659 Monseigneur de Laval, quitte sa belle patrie, il renonce au droit qu'il tenait de sa haute naissance de recueillir les honneurs et de briguer l'éclat si séduisant du monde de cette époque, pour fonder sur ce promontoire un Séminaire.

Il y consacra tous ses biens.

Un siècle après son arrivée la ville de Québec et le Canada passent sous le pouvoir d'une autre nation. Reportons un moment nos pensées vers cette époque malheureuse. Plusieurs des familles les plus considérables du pays se retirent en France; il reste une population d'agriculteurs et de soldats au nombre de 60,000 personnes.

La guerre avait fermé nos institutions d'éducation—Le collége des Jésuites l'avait alors été pour toujours; car quelques années plus tard il fut occupé comme caserne, destination à laquelle il a toujours été employé depuis;—tout paraissait donc perdu, mais la Providence en a voulu autrement. Seul le Séminaire de Monseigneur de Laval resta debout, il ouvrit ses portes aux enfants et aux jeunes gens de la Colonie. C'est de là que sortit cet essaim d'hommes, qui plus tard, durant la durée du Parlement du Bas Canada, défendirent les droits du peuple; c'est de là que sortirent les Papineau, père, les Panet, les Taschereau, les Berthelot, les Bédard, les Blanchet, les Moquin, les Plamondon, les Vallières.

Dans le clergé, quel nombre de prélats et quelle légion de vertueux prêtres sont sortis de là, ornésdes dons de la science et de toutes les vertus: pas moins de douze évêques, parmi lesquels les Plessis, les Panet, les Signaï; ces noms de prêtres si vénérés, M. Brassard, fondateur du collége de Nicolet, M. Girouard, fondateur du collége de St. Hyacinthe, M. Painchaud fondateur du collège de Ste. Anne, M. Jerome Demers si longtemps l'ornement du Séminaire de Québec. On estime à 1,100 le nombre de ceux qui ont fait un cours d'études complet au Séminaire de Québec, et à 11,000 ceux qui y ont reçu un commencement d'instruction suffisante pour suivre leur carrière respective dans le monde.

Que serait devenue cette poignée de Canadiens, abandonnés par la France sur cette plage éloignée, si les successeurs de Monseigneur de Laval n'eussent pas offert aux Canadiens le pain de l'intelligence, le bouclier de l'instruction qui vaut mieux que l'épée du soldat pour le bonheur du peuple. A qui devons-nous ce rang si distingué qu'a su maintenir le peuple Canadien dans ses luttes; nous le devons à tous ces défenseurs habiles de nos droits; et cesdéfenseurs sont les élèves de nos colléges.

Je ne veux pas parler des nombreux contemporains qui ont puisé leur instruction dans cette maison, il s'en trouve dans les ministères, sur le banc judiciaire, dans le barreau, dans la faculté médicale, dans le commerce et dans tous les états; je n'en mentionnerai qu'un seul, parcequ'il est le plus ancien des élèves survivants du Séminaire de Québec; l'orateur le plus éloquent comme le patriote le plus sincère du pays, que ses ennemis ont appris même à respecter et à admirer, c'est l'Honorable Louis Joseph Papineau. Et tout cela a été accompli avec les biens particuliers de l'Evêque de Pétrée; et—j'aime à le proclamer, le Séminaire de Québec n'a jamais reçu un denier du gouvernement: il s'est soutenu avec ses seules ressources.

Les autres Séminaires et Colléges de la Province ont aussi rendu de grands services à l'éducation; services que tout le monde apprécie avec reconnaissance.

Deux siècles se sont écoulés; Monseigneur de Laval est mort depuis longtemps, mais son génie plane encore au-dessus de ces ormes et de ces frênes du jardin du séminaire, où il a passé la moitié de sa vie; son âme circule encore au milieu de nous, mais il n'y avait pas une pierre tumulaire où son nom fut inscrit. Ses successeurs ont voulu lui élever un monument digne de lui, ce monument, c'est l'Université-Laval qui éternisera son nom, et le montrera aux générations futures du Canada comme le plus grand bienfaiteur de ce pays.

Il y a six ans, notre gracieuse Souveraine a accordé une charte royale à cette institution avec tous les priviléges des Universités de l'Europe, avec le droit de conférer des degrés dans toutes les branches de l'enseignement universitaire. Déjà les facultés de Droit et de Médecine, des Arts et de Théologie sont organisées, et des cours réguliers se donnent tous les jours aux élèves, sans distinction d'origine et de croyance.

Pour ceux qui ont des fils, il est heureux de savoir que dans l'enceinte de notre cité ils peuvent leur donner une instruction classique et universitaire, dans tous les genres des connaissances humaines sans recourir aux pays étrangers.

On peut, sans présomption, être orgueilleux de cet édifice, du haut duquel on peut contempler des beautés de la nature, sans égales dans le reste du monde, ce magnifique fleuve St. Laurent qui coule à nos pieds, ce port majestueux avec la Chûte de Montmorency, qui, elle aussi a hérité du nom de Monseigneur de *Laval*, cette magnifique et verdoyante ile d'Orléans, autrefois partie du domaine du Seigneur de Beaupré qu'il céda pour rébâtir son séminaire deux fois incendié, ces montagnes superbes qui encadrent si bien la vallée de la rivière St. Charles, où Jacques Cartier a passé son premier hiver en Canada, et cette vaste plaine d'Abraham Martin où sont tombés, dignes l'un de l'autre, les deux plus grands généraux, Wolfe et Montcalm, que l'Angleterre et la France aient envoyés en Amérique, et un peu plus loin cette buttes à Neveu où s'est livré la bataille de Ste. Foye.

Oui, disons le, si nos institutions d'éducation disparaissaient nous pourrions dire pour toujours adieu à l'espoir d'une existence nationale, mais tant que les nombreux Colléges et Séminaires du Bas Canada existeront, il n'y a pas de danger: tant et aussi longtemps que cette Université Laval sera debout, elle sera une colonne d'espérance aussi solide que le roc sur lequel elle est assise:—et cette jeunesse qui se forme chaque année à son ombre, forte d'études, de science et de patriotisme sera le meilleur palladium de la patrie qu'elle servira, en vénérant toujours la mémoire de Monseigneur de Montmorency-Laval.

Les exercices une fois terminés, M. le Juge Mondelet, juge de la Cour du Banc de la Reine, adressa quelques mots de félicitation et de remercîments à M. le Recteur Abbé Casault et autres membres de la noble Institution : le Recteur répondit ;—et la foule, réjouie, fière et contente, s'écoula, en bénissant les noms de Monseigneur de Laval et des continuateurs de son œuvre, et faisant des vœux pour le maintien séculaire d'une Institution dont notre pays a lieu de s'enorgueillir à tous les titres.

Notre notice ne serait pas complète si nous n'ajoutions pas, à tout ce qui précède, la charmante pièce de vers, que l'un de nos meilleurs poëte, M. Octave Crémazie, ancien élève du Séminaire de Québec, a consacré à cette belle fête anniversaire :— Nous terminons donc ici notre travail d'historiographe, en laissant le lecteur en tête à tête avec la poësie !

DEUX CENTIÈME ANNIVERSAIRE

DE L'ARRIVÉE DE

MONSEIGNEUR DE MONTMORENCY-LAVAL,

EN CANADA.

O Canada, plus beau qu'un rayon de l'aurore,
Te souvient-il des jours où, tout couvert encore
Du manteau verdoyant de tes vieilles forêts,
Tu gardais pour toi seul ton fleuve gigantesque,
Tes lacs plus grands que ceux du poëme dantesque
Et tes monts dont le ciel couronne les sommets ?

Te souvient-il des jours où mirant dans les ondes
Le feuillage orgueilleux de leurs branches fécondes
Tes immenses sapins saluaient ton réveil ?
Où, déployant les dons de ta grande nature,
Tu montrais, reposant sur un lit de verdure,
Ta sauvage grandeur aux rayons du soleil ?

Te souvient-il des jours où l'écho des montagnes
Chantait, comme un clairon au milieu des campagnes,
L'hymne de l'Iroquois scalpant ses ennemis ?
Où tes vieux héros morts, assemblés sur les grèves,
Venaient, pendant la nuit, illuminer les rêves
De tes sombres guerriers sur la rive endormis ?

Te souvient-il des jours où passant dans l'orage,
Les dieux de tes forêts portés sur un nuage,
De leurs longs cris de guerre enivrant tes enfants,
Leur montraient dans la mort une vie immortelle,
Où leur âme suivrait une chasse éternelle
D'énormes caribous et d'orignaux géants ?

Un jour, troublant le cours de tes ondes limpides,
Des hommes étrangers, sur leurs vaisseaux rapides,
Vinrent poser leur tente au pied de tes grands bois.
Ils pliaient les genoux en touchant ton rivage ;
Puis, au maître du ciel adressant leur hommage,
Plantaient un drapeau blanc à côté d'une croix.

Et prenant ce drapeau, ces hommes au teint pâle,
Portèrent les rayons de sa couleur d'opale
Jusqu'aux bords sablonneux du vieux Meschacébé ;
Et devant cette croix qui brillait dans tes ombres,
Tu vis tes dieux vaincus pleurer sur les décombres
Amoncelés autour de leur autel tombé !

Te souvient-il des jours où, prêtres et victimes,
Les fils de Loyola, missionnaires sublimes,
Fécondant de leur sang ton sol régénéré,
Rappelaient de la croix les splendeurs primitives ;
Et d'un martyre affreux sanctifiant tes rives
Laissaient à tes enfants leur souvenir sacré ?

Pourquoi donc tous ces cris de bonheur et de fête ?
Tes guerriers, apportant les fruits de la conquête,
Rentrent-ils dans tes murs, jeune Stadacona ?
L'Iroquois terrassé par la valeur huronne
A-t-il laissé tomber la terrible couronne
Qu'au sein de la bataille Areskoui lui donna ?

L'Iroquois n'a pas vu de sa main affaiblie
Tomber le tomahawk ; dans son âme remplie
Des farouches instincts légués par ses aïeux,
La peur n'a pas encore pu trouver une place ;
De l'étendard français il brave la menace
Et garde fièrement et sa gloire et ses dieux.

Ce n'est pas un héros illustre dans l'histoire,
Qui vient tout rayonnant des feux de la victoire,
Déposer à Québec son glaive triomphant.
Celui vers qui s'élève en ce jour d'allégresse
Ce concert solennel de joie et de tendresse,
Est un homme encor jeune, au regard bienveillant ;

Le signe rédempteur brillant sur sa poitrine
Annonce à tous les yeux sa mission divine.
Il s'en vient commander les combats du seigneur
Dans les vastes forêts où domine la France ;
Et sans craindre jamais l'obstacle ou la souffrance,
Il s'avance où l'appelle une pieuse ardeur.

De cet amour divin qui dévore son âme
Partout il fait briller la bienfaisante flamme ;
Sa sainte voix, troublant le silence éternel
Des grands bois canadiens, fait surgir dans les nues
Ces clochers rayonnants dont les flèches aigues
Au sauvage étonné montrent du doigt le Ciel.

Affrontant les dangers des vagues mugissantes,
On le voit ranimer les églises naissantes
Qui s'élèvent aux bords du Saguenay lointain,
Comme un soleil ardent répandant sa lumière,
En passant il console et la pauvre chaumière
Et le grand chef Huron pleurant sur son destin.

Quand Mesy, d'Avaugour, abusant de leur force,
Osent donner appui, sous la hutte d'écorce,
Au trafic infâmant de la liqueur de feu,
Intrépide gardien de la morale austère,
Il sait faire gronder, sans craindre leur colère,
Sur leurs coupables fronts les foudres de son Dieu.

Des bords gaspésiens au lac des Deux-Montagnes.
Quand il a fait briller ces trois saintes compagnes,
La douce Charité, l'Espérance et la Foi,
Comme un vainqueur chargé des dépouilles opimes,
Il montre cent tribus, ô conquêtes sublimes !
Qui des leçons du Christ reconnaissent la loi.

Mais bientôt s'arrêtant au milieu de sa course,
Des saints enseiguements il vient ouvrir la source,
Et fonde la maison, ce foyer immortel,
Qui verse encore sur nous ses torrents de lumière
Où des saintes vertus suivant la règle austère,
On apprend à servir la patrie et l'autel.

Ce fruit de ses travaux, cet objet de sa joie,
Deux fois un feu cruel le saisit pour sa proie.
Ce malheur qui le frappe au plus profond du cœur,
Ne peut faire fléchir son courage indomptable :
De ces débris fumants, un monument durable
S'élève sous sa main rayonnant de splendeur.

Deux siècles sont passés sur cet illustre asile,
Deux siècles sont passés, et toujours immobile
Comme un roc au milieu des vagues en fureur,
Il a vu s'élever, grandissant sous son ombre,
Ces temples du vrai Dieu, ces collèges sans nombre
Qui sont de la patrie et la force et l'honneur.

Mais déjà ce héros voit sa force tarie,
Dans ces nombreux combats où s'épuise sa vie.
Donnant à Saint-Valier son glorieux fardeau,
Il s'en va reposer les jours de sa vieillesse
Dans ce paisible asile, objet de sa tendresse,
Où son cœur se prépare au repos du tombeau.

Et quand la mort parut au sein de sa retraite,
Elle n'eut qu'à cueillir cette fleur toute prête,
Pour les jardins bénis du séjour éternel.
Et sur les bords heureux où son nom brille encore,
Les chênes attristés, dans la forêt sonore,
Chantèrent ses vertus aux archanges du ciel.

ENVOI.

A MESSIEURS DU SÉMINAIRE DE QUÉBEC.

Ce grand homme, Messieurs, cette gloire sereine,
Fut le premier anneau de cette noble chaîne
Que vous continuez aux bords du Saint-Laurent.
Gardant comme un trésor, loin de toutes atteintes,
De l'immortel Laval les traditions saintes,
Vous êtes parmi nous un soleil bienfaisant.

Du peu que nous savons vous êtes l'origine.
Si nous pouvons encore à la source divine,
D'où s'échappe à grands flots l'enseignement humain
Approcher quelquefois nos lèvres altérées,
Nous le devons à vous, dont les mains vénérées,
Nous ont de la science aplani le chemin.

Si nous avons gardé, pur de tout alliage,
Des pionniers Français l'héroïque héritage,
Notre religion, notre langue et nos lois ;
Si dans les mauvais jours de notre jeune histoire
Nous avons avec nous vu marcher la victoire,
Nous vous devons encor ces glorieux exploits.

Car fécondant toujours le sol de la patrie,
Des grandeurs de la foi, des éclairs du génie,
Vous gardiez ce dépôt, source de tous les biens,
Où puisant les leçons des histoires antiques
Nos pères ont appris ces vertus héroïques
Qui font les nobles cœurs et les grands citoyens.

Si du séjour céleste où son âme immortelle
S'enivre des clartés de la vie éternelle,
Laval peut contempler ces murs resplendissants
Où lançant tous ses feux, l'intelligence humaine,
Des travaux de l'esprit embrassant le domaine,
Fait briller des rayons sans cesse renaissants ;

S'il a vu comme nous vos nobles sacrifices,
Les arts encouragés par vos mains bienfaitrices ;
S'il entend aujourd'hui ces hymnes triomphants
Qui chantent votre nom dans ce concert immense,
Que fait monter au ciel notre reconnaissance,
Il doit dire de vous : ils sont bien mes enfants !

OCTAVE CRÉMAZIE.

Québec, le 16 juin, 1859.

TABLE DES MATIÈRES.

www.ingramcontent.com/pod-product-compliance
Lightning Source LLC
LaVergne TN
LVHW020215030726
842520LV00003B/1076